Ernst Lissauer

Deutsche Balladen

Von Bürger bis zur Gegenwart

D1641009

Ernst Lissauer

Deutsche Balladen

Von Bürger bis zur Geegenwart

ISBN/EAN: 9783959130127

Auflage: 1

Erscheinungsjahr: 2016

Erscheinungsort: Treuchtlingen, Deutschland

© Literaricon Verlag Inhaber Roswitha Werdin. www.literaricon.de. Alle Rechte beim Verlag und bei den jeweiligen Lizenzgebern.

Deutsche Balladen

Von Bürger bis zur Gegenwart

Ausgewählt

und eingeleitet von

Ernst Lissauer

Meinem
Bruder Frih, dem Mufiker,
als Dank für ftarke
Balladen

∗

Und ich sang in den Wind,
          in das Wirbeln rauchender Dünen,
In das dröhnende Brausen
          sang mein tönender Mund.
Sang meiner einsamen Heimat
          Götter und rote Burgen,
Sang ihr mütterlich Herz,
          sang ihr grüngrünes Kleid.
Sang, was groß und gekrönt
          durch meine Träume gewandert,
Blutüberströmtes Haupt,
          gallegetränktes Herz.
Sang meiner seltsamen Schwestern
          mondlichtgezeichnete Stirnen,
Sterblichen Leibes wie ich,
          jenseitiger Weisheit kund,
Sang ich, mir selber kaum deutbar,
          was Schatten und Erde mich lehrten,
Sang ich Liebe und Tod —
          sang ich mein eignes Geschick.

                              Agnes Miegel

Einleitung

I

Wie der Künstler im Verlaufe seiner Entwicklung Geschaffenes nach und nach abstößt, so auch die Geschichte der Kunst. Zahlreiche Dichtungen, welche die Anthologien früherer Jahrhunderte füllten, fehlen in den neueren, und so ist auch aus dieser neuesten Sammlung nicht nur um des Raumes willen mit Bewußtsein abermals vieles fortgelassen worden, aus dem die lebendige Kraft entwichen ist. So ergab sich von selbst, daß die Balladen uns zeitlich näherer Schöpfer, vor allem der Droste und Conrad Ferdinand Meyers, aber auch Fontanes und lebender Dichter, vornehmlich aufgenommen wurden. Spätere Jahrzehnte werden abermals auslesen; doch ist es gewiß, daß die Balladen der Droste und Meyers, jene von raunender Natur eingegeben, diese von schauender Geistkraft umleuchtet, an lebendiger Wirkung eher zunehmen werden.

Jedoch ist eine Anzahl von starken, ja überragenden Balladen lediglich um dessentwillen nicht aufgenommen worden, weil sie ohnehin in aller Munde sind und für sich ein erhebliches Buch füllen würden. Auch in der Entwicklung der Kunst gibt es eine natürliche Auslese; die von der Natur am reichsten ausgestatteten Schöpfungen überleben, und diese mit Selbstverständlichkeit und von selbst sich vollziehende Sichtung stimmt in hohem Maße mit den bewußten Wünschen einer das Höchste erfordernden Kritik überein. Es sei erlaubt, diese herrlichen, aber allgemein bekannten Stücke wenigstens in der Einleitung zu benennen und so gleichsam ihren Schatten aufzurufen:

Alexis: Friedericus Rex.

Bürger: Der wilde Jäger; Der Kaiser und der Abt; Das Lied vom braven Mann; Lenore.

Chamisso: Der rechte Barbier; Böser Markt; Salas y Gomez; Die Sonne bringt es an den Tag.

Droste-Hülshoff: Der Geierpfiff; Der Knabe im Moor; Der Heidemann.

Eichendorff: Lorelei.

Fontane: Archibald Douglas; Schloß Eger.

Freiligrath: Prinz Eugen, der edle Ritter!

Goethe: Die Braut von Korinth; Der getreue Eckardt; Erlkönig; Der Fischer; Die wandelnde Glocke; Der Gott und die Bajadere; Johanna Sebus; Der König in Thule; Der Sänger; Der Schatzgräber; Der Zauberlehrling.

Groth: Ol Büsum.

Hebbel: Der Heideknabe; Das Kind am Brunnen.

Heine: Der Asra; Belsazar; Die Grenadiere; Das Schlachtfeld von Hastings; Der Schelm von Bergen; Ritter Olaf.

Kopisch: Die Heinzelmännchen; Des kleinen Volkes Überfahrt.

Lingg: Der schwarze Tod.

Mörike: Die Geister am Mummelsee; Schön Rotraud.

Mosen: Hofers Tod.

Müller: Der Glockenguß zu Breslau.

Platen: Das Grab im Busento.

Schenkendorf: Andreas Hofer.

Scherenberg: Die Exekution; Die beiden Reiter; Der gülbene Ring.

Schwab: Das Gewitter; Der Reiter und der Bodensee.

Schiller: Das verschleierte Bild zu Saïs; Die Bürgschaft;
   Der Handschuh; Der Kampf mit dem Drachen; Die
   Kraniche des Ibykus; Der Ring des Polykrates; Das
   Siegesfest; Der Taucher; Die Teilung der Erde.

Uhland: Bertrand de Born; Das Glück von Edenhall;
   Kaiser Karls Meerfahrt; Roland Schildträger; Das
   Schloß am Meer; Schwäbische Kunde.

Zedlitz: Die nächtliche Heerschau.

Diese Balladen reiten unsichtbar stets mit, wo immer der
Heerbann der deutschen Balladen aufgeboten wird. Dieses
Verzeichnis ergänzt schweigend das Verzeichnis der in diesem
Buche abgedruckten Balladen.

Bei der Auslese ward auf Stoffe zunächst in keiner Weise
gesehen, sondern immer nur auf dichterische Vollendung,
und diese ward erkannt in dem Einklang von schöpferischem
Gehör und Gesicht, in der durchaus bestimmten, jedoch un-
nüchternen, von geheimnisvollem Licht und Zwielicht über-
zitterten Anschauung, ganz besonders aber im Ton, in jenem
von keinerlei Willen bestimmbaren, aus den untersten Tiefen
des Geblütes gespeisten Flutungen und Zuckungen des
Rhythmus; der elementarisch zuweilen selbst über prosaisch
taube Wendungen oder Zeilen, gelegentlich sogar über Um-
wege, Längen und Breiten hinwegzutragen vermag. Darum
eben mußten jene zahllosen sogenannten Balladen auch be-

Es erscheint mir künstlich, Dichtungen von mir auszuschließen, während
meine Art mich zu den — wenigen — Balladendichtern der Zeit stellt;
gerade sie mögen dazu beitragen, meine Berechtigung zu dem ver-
antwortungsvollen, in seiner Verantwortlichkeit aber selten erkannten
Amt einer Auswahl zu erweisen

11

kannter Dichter vornehmlich aus der ersten Hälfte des vorigen Jahrhunderts fortbleiben, die in Wahrheit nur Referate alter Volksüberlieferungen sind, mechanisch gewalzt in fertige strophische Backformen. Selbstverständlich konnte andrerseits der Vorrat an guten oder tüchtigen Stücken nicht erschöpft werden, da sonst ein bis zwei weitere Bände von gleicher Stärke erfordert würden.

Die Anordnung strebt, die wesentlichen — mythischen, legendaren und historischen — Stoffkreise und die entscheidenden menschlichen Typen herauszuarbeiten. Es ist selbstverständlich, daß die Ringe sich überschneiden, manche Stücke könnten an mehreren Stellen stehen; in unsichtbarem Netz, gleichsam unterirdisch, sind die Wurzeln der Balladik geknüpft: geheime Linien sind gezogen, die der Lesende selbst spüren und schauen möge.

II

Das Lied kann, äußerlich oder innerlich, mehrstimmig sein, als Chorgesang oder, indem es, oft rollenhaft, typisches Geschick ausspricht; aber im wesentlichen ist das Lied eine Kammerkunst: der einzelne singt oder sagt seinen besonderen Zustand. Die eigentliche Ballade aber handelt nicht vom durchschnittlichen einzelnen und gemeinen Schicksal, sie ist in diesem Sinne keine Ich- und Einzelkunst: sie stellt allgemeine, überpersönliche Gefühle und Stoffe dar. Alle Kunst trägt in sich den Drang — eben das macht sie zur Kunst, eben das ist ihr innerstes Gesetz — das nur Persönliche zu verbrennen und sich ins Überpersönliche zu läutern und zu steigern. Es handelt sich um Grade: die Lyrik hat mehr die Möglichkeit und

12

auch die Neigung, zu betonen, was dem einzelnen als solchem eignet, die Ballade aber gestaltet vornehmlich, was uns allen gemeinsam ist. Zweierlei wirkt die eigentliche Ballade: sie bannt und beschwört die Kräfte und Mächte der Natur, und sie verehrt die helbischen Menschen.

Überall in Deutschland liegen die Teufelskanzeln und Herentanzplätze, Roßtrappen und Riesenhöhlen, balladische Örter, wo Fels und Erde Gestalt annimmt, aufsteht und wandelt. Der streichende Nebel, die glänzende Luft, Meer und Mond, das gesamte Bereich der Elemente, Feuergeister und Quellnixen, Baumelfen und Wurzelzwerge ist das Bereich der Ballade. In früheren Zeiten war solcher von »Figur« erfüllter Aberglaube allen Menschen gemeinsam, und gerade diese gemeinsame Anschauung der Natur wird in der Ballade gestaltet. Und ebenso ergreift die Ballade mit Vorliebe die großen Tatsachen der Volksgeschichte, die Siege, die Befreiungen, die Aufstände, und feiert vornehmlich die großen Persönlichkeiten, die durch ihre Existenz Ehrfurcht, Bewunderung, Haß wecken, in denen sich starke Epochen, wesenhafte Züge der Volkspersönlichkeit weithin sichtbar abbilden. Die Ballade schafft am Mythos: sie bildet den uralten Naturmythos fort und erhöht die Überlieferung von Zeiten, Menschen und Taten ins Mythische. Man versteht die Ballade, wenn man ein politisch gedachtes Wort Lagardes ins Künstlerische übersetzt: »Das Volk spricht nur dann, wenn die Volkheit — es freut mich, diesen sehr passenden, aber vergessenen Ausdruck Goethes zu benutzen — in den Individuen zu Wort kommt: das heißt, wenn das Bewußtsein der allen einzelnen gemeinsamen Grund- und Stammnatur wach und sich über ihr Verhältnis zu großen Tatsachen der

13

Geschichte klar wird.« Die eigentliche Ballade spricht nur dann, wenn die Volkheit in diesem Sinne, naturhaft, geschichthaft, angeschlagen wird.

Und somit ist es ohne weiteres klar, daß für die abgelaufene erste Epoche der modernen Literatur, die sich fast ausschließlich mit dem einzelnen befaßte, die Ballade nicht fruchtbar zu werden, und daß sie, im Gegensatz zu Lyrik und Drama, noch keinen eigenen Stil der Ballade zu erzeugen vermochte. Sie entdeckte zwar auch für die Ballade das Bereich des vierten Standes, gelangte aber in diesem Umkreis nicht zu bleibender Gestaltung.

Die Dichter, die in jener Zeit mit Glück als Balladendichter wirkten, vor allem Freiherr von Münchhausen, Agnes Miegel und Lulu von Strauß und Torney, sind nicht in engerem Sinne der literarischen Moderne angehörig, vielmehr stehen sie im Zuge jener großen balladischen Tradition, die aus den altenglischen und altdeutschen Volksballaden entspringt, und weiterhin vornehmlich durch Bürger, Strachwitz und Fontane bezeichnet ist, konservative Kräfte wirken fruchtbar in ihnen nach: Land- und Schwertadel, nordwestdeutsches Hofbauerntum, Hanseatisches Patriziat. Im Gegensatz zu ihnen blieb Liliencron in einer flacheren, lediglich lauten, unintensiven und nur durch äußerliche, burschikos und kulturlos aufgesetzte Realismen modernisierten Behandlung der Ballade stecken. Die Fülle dieser Schlagetotballaden, von denen nur wenige innerlich reichere Stücke sich abheben, steht in keinem Verhältnis zu ihrer dichterischen Kraft. Gerade bei diesem spezifisch modernen Balladiker ist die Ballade erstarrt; ganz im Gegenteil kann die Ballade nur dann fort- und von neuem aufleben, wenn sie sich immer dichter mit

seelischer Kraft tränkt, wenn ihre dynamische Lautheit nie=
mals Selbstzweck ist, wenn sie sinnbildlich durchscheint. Die
Gefahr, daß die der Ballade von Natur eigentümliche Dy=
namik selbst Zweck wird, ist schon von Bürger und Strachwitz
nicht immer vermieden: das seelische Ergebnis steht bei Bür=
gers »Lenore«, bei Strachwitz' »Jagd des Moguls« in keinem
Verhältnis zu der aufgewandten Kunst. Bei Fontane, vor
allem bei der Droste und bei Meyer, ist die Ballade voll von
innerlichster Gewalt, ohne an Intensität und Plastik der
Schauung und des tönenden Zuges einzubüßen. Und so
tritt neben den körperlichen Helden, den vornehmlich als
Reitergeneral gesehenen Feldherrn, den wesentlich soldatisch
gesehenen Fürsten, zuerst in Meyers Ballade der geistige
Täter, der heldenhaft geschaute Schöpfer.

Die Ballade ist eine verkürzende Form, wie das Lied.
Den Zustand, den das Lied mit wenigen Lauten singt, muß
der Erzähler weit ausführlicher darstellen; die Ballade ver=
kürzt den Mythos, das Epos, das Drama; sie ist, im Gegensatz
zum Lied, oft nicht kurz, aber immer knapp; ihre lyrische
Musik ermöglicht der Ballade, vieles zwischen den Zeilen zu
sagen, was dort in den Worten gesagt werden muß. Ein
kleines Epos, ein Märchen geben die Balladen Kopischs, sie
sind, wie die berühmten »Heinzelmännchen«, öfters breit in
der Kürze und verlängern sich eher zu Schildereien. Bei
Dichtern, in deren übrigem Schaffen wesentlich epische Ele=
mente wirken, dringen epische Elemente auch in die Ballade:
bei dem Erzähler der »wundersamen Geschichte vom Peter
Schlemihl«, Chamisso, dem Schöpfer von »Hermann und

Dorothea« und »Wilhelm Meister«, Goethe. Conrad Ferdinand Meyers Ballade ruht oft auf epigrammatischen Grundlagen und spitzt sich dann scharf zu wie eine Novelle. Die eigentliche Ballade empfinden wir dem Drama näher als dem Epos. Dramatisch, akthaft sich steigernd wachsen die Balladen Schillers: wenn in den »Kranichen des Ibykus« die Szene zum Tribunal wird, ist die Ballade fast unmittelbar zur Szene geworden. Hebbels Balladen — freilich oft konstruiert und kalt als Mordgeschichten anmutend — beben von dramatischem Prall; umgekehrt wirken manche Szenen in seinen Dramen, wie die Erscheinung der heiligen drei Könige in »Herodes und Mariamne«, balladisch.

Ballade, das ist: Ritt, Rausch, Prall, Schreck, Schlacht, ist Leidenschaft, Haß, Zorn, Kampf, Mord, ist Erdbeben menschlicher Natur, Losfahren aller Gewalten, triebhafter und geisthafter, schöpfender und zerstörender; eigentliche Ballade handelt von Elementen in jeglicher Gestalt: Volk, Aufruhr, Held, Verbrecher, Weib, Genie, Prophet, von dem täglichen Wind in den Straßen und der seit Jahrtausenden geweissagten Herabkunft des dritten Reiches. Aber ob sie ertost oder schweigt, ob die Trompeten der Reiterattacke in ihr schmettern oder die Posaunen der Auferstehung, ob sie aus grauen Wurzeln sich verhohlen flicht oder aus Steinen gebaut im Mittag strahlt, ob sie in Anmut gleitet oder runenhaft raunt, dies ist der Ballade eigen: daß unten durch sie hin, unter ihr hin geheime Stöße rollen, daß sie zittert von unterem Widerhall, der aufzuckt aus den tiefen Lagerungen der Seele und den verborgenen Quellen des Geblütes, daß an ihr rüttelt Gewalt, daß sie erbebt von Ekstase.

Ballade sitzt am Kreuzweg bei Nacht, Geschehen, Ge=
schichte, Geschick rauscht, rasselt vorbei, sie vernimmt's, Weh=
klage, Jauchzen, Geschrei, wie ein hörender Spiegel fängt
sie es auf, ein gesichtiger Spiegel strahlt sie's zurück, schlacht=
farben, jubelrot oder in den gelben Donnern der Apokalypse.

November 1916
April 1922   Ernst Lissauer

Dämonen

Die erste Walpurgisnacht

Ein Druide

Es lacht der Mai!
Der Wald ist frei
Von Eis und Reifgehänge.
Der Schnee ist fort!
Am grünen Ort
Erschallen Lustgesänge.
Ein reiner Schnee
Liegt auf der Höh';
Doch eilen wir nach oben,
Begehn den alten heil'gen Brauch,
Allvater dort zu loben.
Die Flamme lodre durch den Rauch!
So wird das Herz erhoben.

Die Druiden

Die Flamme lodre durch den Rauch!
Begeht den alten heil'gen Brauch,
Allvater dort zu loben!
Hinauf! hinauf nach oben!

Einer aus dem Volke

Könnt ihr so verwegen handeln?
Wollt ihr denn zum Tode wandeln?

Kennet ihr nicht die Gesetze
Unsrer harten Überwinder?
Rings gestellt sind ihre Netze
Auf die Heiden, auf die Sünder.
Ach, sie schlachten auf dem Walle
Unsre Weiber, unsre Kinder,
Und wir alle
Nahen uns gewissem Falle.

Chor der Weiber

Auf des Lagers hohem Walle
Schlachten sie schon unsre Kinder.
Ach, die strengen Überwinder!
Und wir alle
Nahen uns gewissem Falle.

Ein Druide

Wer Opfer heut
Zu bringen scheut,
Verdient erst seine Bande.
Der Wald ist frei!
Das Holz herbei,
Und schichtet es zum Brande!
Doch bleiben wir
Im Buschrevier
Am Tage noch im stillen,
Und Männer stellen wir zur Hut
Um eurer Sorge willen.
Dann aber laßt mit frischem Mut
Uns unsre Pflicht erfüllen.

Chor der Wächter

Verteilt euch, wackre Männer, hier
Durch dieses ganze Waldrevier
Und wachet hier im stillen,
Wenn sie die Pflicht erfüllen!

Ein Wächter

Diese dumpfen Pfaffenchriſten,
Laßt uns keck sie überliſten!
Mit dem Teufel, den sie fabeln,
Wollen wir sie selbſt erſchrecken.
Kommt! Mit Zacken und mit Gabeln
Und mit Glut und Klapperſtöcken
Lärmen wir bei nächt'ger Weile
Durch die engen Felſenſtrecken.
Kauz und Eule
Heul' in unſer Rundgeheule!

Chor der Wächter

Kommt mit Zacken und mit Gabeln,
Wie der Teufel, den sie fabeln,
Und mit wilden Klapperſtöcken
Durch die leeren Felſenſtrecken!
Kauz und Eule
Heul' in unſer Rundgeheule!

Ein Druide

So weit gebracht,
Daß wir bei Nacht

Allvater heimlich singen!
Doch ist es Tag,
Sobald man mag
Ein reines Herz dir bringen.
Du kannst zwar heut,
Und manche Zeit,
Dem Feinde viel erlauben.
Die Flamme reinigt sich vom Rauch:
So rein'ge unsern Glauben!
Und raubt man uns den alten Brauch —
Dein Licht, wer will es rauben?

Ein christlicher Wächter

Hilf, ach hilf mir, Kriegsgeselle!
Ach, es kommt die ganze Hölle!
Sieh, wie die verherten Leiber
Durch und durch von Flamme glühen!
Menschen=Wölf und Drachen=Weiber,
Die im Flug vorüberziehen!
Welch entsetzliches Getöse!
Laßt uns, laßt uns alle fliehen!
Oben flammt und saust der Böse,
Aus dem Boden
Dampfet rings ein Höllenbroden.

Chor der christlichen Wächter

Schreckliche verherte Leiber,
Menschen=Wölf und Drachen=Weiber!
Welch entsetzliches Getöse!
Sieh, da flammt, da zieht der Böse!

24

Aus dem Boden
Dampfet rings ein Höllenbroden!

Chor der Druiden

Die Flamme reinigt sich vom Rauch:
So rein'ge unsern Glauben!
Und raubt man uns den alten Brauch —
Dein Licht, wer kann es rauben?

Goethe

Der Loup Garou

Brüderchen schläft, ihr Kinder still!
Setzt euch ordentlich her zum Feuer!
Hört ihr der Eule wüst Geschrill?
Hu! im Walde ist's nicht geheuer;
Frommen Kindern geschieht kein Leid,
Drückt nur immer die Lippen zu;
Denn das Böse, das lacht und schreit,
Holt die Eul' und der Loup Garou.

Wißt ihr, dort, wo das Naß vom Schiefer träuft
Und übern Weg 'ne andre Straße läuft,
Das nennt man Kreuzweg, und da geht er um,
Bald so, bald so, doch immer falsch und stumm
Und immer schielend; vor dem Auge steht
Das Weiße ihm, so hat er es verdreht.
Dran ist er kenntlich und am Kettenschleifen,
So trabt er, trabt, darf keinem Frommen nahn,
Die schlimmen Leute nur, die darf er greifen
Mit seinem langen, langen, langen Zahn. —

Schiebt das Reisig der Flamme ein,
Puh, wie die Funken knistern und stäuben!
Pierrot, was soll das Wackeln sein?
Mußt ein Weilchen du ruhig bleiben,

26

Gleich wird die Zeit dir jahrelang.
Laß doch den armen Hund in Ruh'!
Immer sind deine Händ' im Gang,
Denkst du nicht an den Loup Garou?

Vom reichen Kaufmann hab' ich euch erzählt,
Der seine dürft'gen Schuldner so gequält,
Und kam mit sieben Säcken von Bagnères,
Vier von Juwelen, drei von Golde schwer;
Wie er aus Geiz den schlimmen Führer nahm
Und ihm das Untier auf den Nacken kam.
Am Halse sah man noch der Krallen Spuren,
Die sieben Säcke hat es weggezuckt,
Und seine Börse auch und seine Uhren,
Die hat es all zerbissen und verschluckt. —

Schließt die Tür, es brummt im Wald!
Als die Sonne sich heut verkrochen,
Lag das Wetter am Riff geballt,
Und nun hört man's sieden und kochen.
Ruhig, ruhig, du kleines Ding!
Hörst du? — drunten im Stalle — bu!
Hörst du? Hörst du's? kling, klang, kling,
Schüttelt die Kette der Loup Garou.

Doch von dem Trunkenbolde wißt ihr nicht,
Dem in der kalten Weihnacht am Gesicht
Das Tier gefressen, daß am heil'gen Tag
Er wund und scheußlich überm Schnee lag.

Zog von der Schenke aus, in jeder Hand
'ne Flasche, die man auch noch beide fand.
Doch wo die Wangen sonst, da waren Knochen,
Und wo die Augen, blut'ge Höhlen nur;
Und wo der Schädel hier und da zerbrochen,
Da sah man deutlich auch der Zähne Spur.

Wie am Giebel es knarrt und kracht!
Caton, schau auf die Bühne droben —
Aber nimm mir die Lamp' in acht! —
Ob vor die Luke der Riegel geschoben.
Pierrot, Schlingel, das rutscht herab
Von der Bank, ohne Strümpf' und Schuh'!
Willst du bleiben! Tapp, tipp, tapp,
Geht auf dem Söller der Loup Garou.

Und meine Mutter hat mir oft gesagt
Von einem tauben Manne, hochbetagt,
Fast hundertjährig, dem es noch geschehn
Als Kind, daß er das Scheuel hat gesehn,
Recht wie 'nen Hund, nur weiß wie Schnee und ganz
Verkehrt die Augen, eingeklemmt den Schwanz,
Und spannenlang die Zunge aus dem Schlunde;
So mit der Kette weg an Waldes Bord,
Dann wieder sah er ihn im Tobelgrunde,
Und wieder sah er hin — da war es fort.

Hab' ich es nicht gedacht? Es schneit!
Ho, wie fliegen die Flocken am Fenster!
Heilige Frau von Embrun! wer heut
Draußen wandelt, braucht keine Gespenster;

Irrlicht ist ihm die Nebelsäul',
Führt ihn schwankend dem Abgrund zu,
Sturmes Flügel die Totencul',
Und der Tobel sein Loup Garou.

Droste-Hülshoff

Gespräch der Irrlichter

Irrlichter, die Knaben,
Die laufen und traben,
Mit Lust sich beschuhend,
Besprechen sich gerne
Beim Schein der Laterne.
    Was hast du getan?
O sage mir an.
    Es saß mit dem Rumpfe
Ein Frosch aus dem Sumpfe;
Das hat mich verdrossen,
Ich brannt' ihm zum Possen
Die Schnauze mit Feuer,
Er quakt' ungeheuer.
    So sage mir nun,
Was war denn dein Tun?
    Ein Hirsch kam mit Zacken,
Ich setzt' auf den Nacken
Mich zwischen die Hörner,
Da fuhr er durch Dörner
Mit Schnauben und Rasen;
Ich fiel auf die Nasen.
    Nun sage du schnell,
Was tatst du Gesell?
    Es trugen die Winde
Mich gar zu geschwinde;
Eh' ich mich's versehen,

Ein Dorf sah ich stehen;
Da bellten die Hunde,
Da wich ich zur Stunde.

Nun du, zu gut Nacht,
Was hast du gemacht?

Ein Wandrer, der Wege
Nicht kannte noch Stege,
Ersah mich zum Leuchter,
Mir immer nach keucht' er,
Da löscht' ich die Funken,
Da war er versunken.

Und aus ist das Wort,
Dann hüpfen sie fort.

Rückert

31

Begegnung

Wohl unter der Linde erklingt die Musik,
Da tanzen die Burschen und Mädel,
Da tanzen zwei, die niemand kennt,
Sie schau'n so schlank und edel.

Sie schweben auf, sie schweben ab
In seltsam fremder Weise;
Sie lachen sich an, sie schütteln das Haupt,
Das Fräulein flüstert leise:

»Mein schöner Junker, auf Eurem Hut
Schwankt eine Neckenlilie,
Die wächst nur tief im Meeresgrund —
Ihr stammt nicht aus Adams Familie.

Ihr seid der Wassermann, Ihr wollt
Verlocken des Dorfes Schönen.
Ich hab' Euch erkannt beim ersten Blick
An Euren fischgrätigen Zähnen.«

Sie schweben auf, sie schweben ab,
In seltsam fremder Weise,
Sie lachen sich an, sie schütteln das Haupt,
Der Junker flüstert leise:

»Mein schönes Fräulein, sagt mir, warum
So eiskalt Eure Hand ist?
Sagt mir, warum so naß der Saum
An Eurem weißen Gewand ist?

Ich hab' Euch erkannt beim ersten Blick
An Eurem spöttischen Knickse —
Du bist kein irdisches Menschenkind,
Du bist mein Mühmchen, die Nixe.«

Die Geigen verstummen, der Tanz ist aus,
Es trennen sich höflich die beiden,
Sie kennen sich leider viel zu gut,
Suchen sich jetzt zu vermeiden.

Heine

Die Brück' am Tay

(28. Dezember 1879)

When shall we three meet again
Macbeth

»Wann treffen wir drei wieder zusamm?«
      »Um die siebente Stund', am Brückendamm.«
            »Am Mittelpfeiler.«
                        »Ich lösche die Flamm'.«
» Ich mit.«
            »Ich komme von Norden her.«
      »Und ich von Süden.«
                  »Und ich vom Meer.«
»Hei, das gibt einen Ringelreih'n,
Und die Brücke muß in den Grund hinein.«

»Und der Zug, der in die Brücke tritt
Um die siebente Stund'?«
                  »Ei, der muß mit.«
»Muß mit.«

            »Tand, Tand,
Ist das Gebilde von Menschenhand!«

Auf der Norderseite, das Brückenhaus —
Alle Fenster sehen nach Süden aus,

34

Und die Brücknersleut', ohne Rast und Ruh
Und in Bangen sehen nach Süden zu,
Sehen und warten, ob nicht ein Licht
Übers Wasser hin »Ich komme« spricht,
»Ich komme, trotz Nacht und Sturmesflug,
Ich, der Edinburger Zug.«

Und der Brückner jetzt: »Ich seh' einen Schein
Am anderen Ufer. Das muß er sein.
Nun, Mutter, weg mit dem bangen Traum,
Unser Johnie kommt und will seinen Baum,
Und was noch am Baume von Lichtern ist,
Zünd' alles an wie zum heiligen Christ,
Der will heuer zweimal mit uns sein —
Und in elf Minuten ist er herein.«

*

Und es war der Zug. Am Süderturm
Keucht er vorbei jetzt gegen den Sturm,
Und Johnie spricht: »Die Brücke noch!
Aber was tut es, wir zwingen es doch.
Ein fester Kessel, ein doppelter Dampf,
Die bleiben Sieger in solchem Kampf,
Und wie's auch rast und ringt und rennt,
Wir kriegen es unter: das Element.

Und unser Stolz ist unsre Brück';
Ich lache, denk' ich an früher zurück,
An all den Jammer und all die Not
Mit dem elend alten Schifferboot;

Wie manche liebe Christfestnacht
Hab' ich im Fährhaus zugebracht,
Und sah unsrer Fenster lichten Schein,
Und zählte, und konnte nicht drüben sein.«

Auf der Norderseite, das Brückenhaus —
Alle Fenster sehen nach Süden aus,
Und die Brückersleut', ohne Rast und Ruh
Und in Bangen sehen nach Süden zu;
Und jetzt, als ob Feuer vom Himmel fiel',
Erglüht es in niederschießender Pracht
überm Wasser unten ... Und wieder ist Nacht.

»Wann treffen wir drei wieder zusamm?«
         »Um Mitternacht, am Bergeskamm.«
                  »Auf dem hohen Meer, am Erlenstamm.
»Ich komme.«
         »Ich mit.«
                  »Ich nenn' euch die Zahl.«
»Und ich die Namen.«
                  »Und ich die Qual.«
»Hei!
     Wie Splitter brach das Gebälk entzwei.«
                  »Tand, Tand,
Ist das Gebilde von Menschenhand.«

Fontane

Trutz, Blanke Hans

Heut bin ich über Rungholt gefahren,
Die Stadt ging unter vor sechshundert Jahren,
Noch schlagen die Wellen da wild und empört,
Wie damals, als sie die Marschen zerstört.
Die Maschine des Dampfes schütterte, stöhnte,
Aus den Wassern rief es unheimlich und höhnte:
        Trutz, Blanke Hans.

Von der Nordsee, der Mordsee, vom Festland geschieden
Liegen die friesischen Inseln im Frieden.
Und Zeugen weltenvernichtender Wut,
Taucht Hallig auf Hallig aus fliehender Flut.
Die Möwe zankt schon auf wachsenden Watten,
Der Seehund sonnt sich auf sandigen Platten.
        Trutz, Blanke Hans.

Mitten im Ozean schläft bis zur Stunde
Ein Ungeheuer, tief auf dem Grunde.
Sein Haupt ruht dicht vor Englands Strand,
Die Schwanzflosse spielt bei Brasiliens Sand.
Es zieht, sechs Stunden, den Atem nach innen
Und treibt ihn, sechs Stunden, wieder von hinnen.
        Trutz, Blanke Hans.

Doch einmal in jedem Jahrhundert entlassen
Die Kiemen gewaltige Wassermassen,

Dann holt das Untier tiefer Atem ein,
Und peitscht die Wellen und schläft wieder ein.
Viel tausend Menschen im Nordland ertrinken,
Viel reiche Länder und Städte versinken.
　　　Trutz, Blanke Hans.

Rungholt ist reich und wird immer reicher,
Kein Korn mehr faßt selbst der größeste Speicher.
Wie zur Blütezeit im alten Rom,
Staut hier täglich der Menschenstrom.
Die Sänften tragen Syrer und Mohren,
Mit Goldblech und Flitter in Nasen und Ohren.
　　　Trutz, Blanke Hans.

Auf allen Märkten, auf allen Gassen
Lärmende Leute, betrunkene Massen.
Sie ziehn am Abend hinaus auf den Deich:
Wir trotzen dir, Blanker Hans, Nordseeteich!
Und wie sie drohend die Fäuste ballen,
Zieht leis aus dem Schlamm der Krake die Krallen.
　　　Trutz, Blanke Hans.

Die Wasser ebben, die Vögel ruhen,
Der liebe Gott geht auf leisesten Schuhen.
Der Mond zieht am Himmel gelassen die Bahn,
Belächelt der protzigen Rungholter Wahn.
Von Brasilien glänzt bis zu Norwegs Riffen
Das Meer wie schlafender Stahl, der geschliffen.
　　　Trutz, Blanke Hans.

Und überall Friede, im Meer, in den Landen.
Plötzlich wie Ruf eines Raubtiers in Banden:
Das Scheusal wälzte sich, atmete tief,
Und schloß die Augen wieder und schlief.
Und rauschende, schwarze, langmähnige Wogen
Kommen wie rasende Rosse geflogen.
   Trutz, Blanke Hans.

Ein einziger Schrei — die Stadt ist versunken,
Und Hunderttausende sind ertrunken.
Wo gestern noch Lärm und lustiger Tisch,
Schwamm andern Tags der stumme Fisch.
Heut bin ich über Rungholt gefahren,
Die Stadt ging unter vor sechshundert Jahren.
   Trutz, Blanke Hans?

         Liliencron

Das versunkene Dorf

Es ist eine Wüstung gelegen,
Ist Abermannsdorf genannt;
Es heißt noch ein Dorf bis heute,
Aber die ältesten Leute
Haben das Dorf nicht gekannt.

Es ist verschlungen worden,
In den Erdboden hinein
Ist es worden verschlungen
Mit Alten und Jungen,
Mit Mann, Maus und Stein.

Kein Malzeichen ist blieben,
Kein Trumm und keine Spur;
Von den Häusern kein Gebälke;
Von den Mauern kein Gefälke;
's ist ebene Wiesenflur.

Als Knab' hab' ich noch gesehen
Von der Dorflind' einen Stumpf;
Jetzt ist auch der versunken,
Es hat wie mit Armen den Strunken
Gezogen hinab in den Sumpf.

Wenn man's Ohr legt auf den Boden,
Höret man's drunten wohl,
Wie die heimlichen Wasser brausen,
Wie sie fressen mit Grausen
Den Boden unter uns hohl.

Wohl hat es auf der Erde
Das Böse weit gebracht.
Wenn sie wollt alle Schande
Verschlingen, wer im Lande
Wär' sicher bis Mitternacht?

Rückert

Der fehlende Schöppe

Zu Ebern hält man Hochgericht
Über Leben und Blut;
Zwölf Stühle sind zugericht'
Für die zwölf Schöppen gut.
Elfe sind gekommen,
Han ihre Stühl' eingenommen.

Der zwölfte Stuhl bleibt unberührt,
Niemand drauf sitzen darf;
Denn der Schöppe, dem er gehört,
Ist aus Abermannsdorf;
Aber Abermannsdorf ist versunken,
Sein Schöpp' hält Gericht bei den Unken.

Da reitet von den elfen
Ein Bot hinaus zu Roß,
Der den fehlenden zwölften
Hereinladen muß.
Der Bot b'hält's Roß am Zügel,
Den linken Fuß im Bügel.

Mit dem rechten Fuß dreimal
Stampft er auf den Grund,
Und den Schöppen dreimal
Ruft er mit lautem Mund:
» Zu Ebern ist Schöppengericht,
Schöppe, säume dich nicht!«

Da wird es unter der Erde laut
Von furchtbarem Getos.
Der Bot' nicht vor= noch rückwärts schaut,
Sondern springt auf sein Roß;
Und muß schnell fort sich machen,
Sonst verschlingt ihn der Erde Rachen.

Rückert

Der Graue

Im Walde steht die kleine Burg,
Aus rohem Quaderstein gefugt,
Mit Schart' und Fensterlein, wodurch
Der Doppelhaken einst gelugt;
Am Teiche rauscht des Rohres Speer,
Die Brücke wiegt und knarrt im Sturm,
Und in des Hofes Mitte schwer,
Plump wie ein Mörser, steht der Turm.

Da siehst du jetzt umhergestellt
Manch feuerrotes Ziegeldach,
Und wie der Stempel steigt und fällt,
So pfeift die Dampfmaschine nach;
Es knackt die Form, der Bogen schrillt,
Es dunstet Scheidewassers Näh',
Und überm grauen Wappenschild
Liest man: moulin à papier.

Doch wie der Kessel quillt und schäumt,
Den Brüss'ler Kaufherrn freut es kaum,
Der hatte einmal sich geträumt
Von Land und Luft den feinsten Traum;
Das war so recht ein Fleckchen, sich
Zu retten aus der Zahlen Haft!
Nicht groß, und doch ganz adelig,
Und brauchte wenig Dienerschaft.

44

Doch eine Nacht nur macht' er sich
Bequem es — oder unbequem —
In seinem Schlößchen, und er strich
Nur wie ein Vogel dran seitdem.
Sah dann er zu dem Fenster auf,
Verschlossen wie die Sakristei'n,
So zog er wohl die Schultern auf
Mit einem Seufzer oder zwei'n.

Es war um die Septemberzeit,
Als, schürend des Kamines Brand,
Gebückt, in regenfeuchtem Kleid,
Der Hausherr in der Halle stand,
Er und die Gäste, all im Rauch;
Van Neelen, Redel, Verney, Dahm,
Und dann der blonde Waller auch,
Der eben erst aus Smyrna kam.

Im Schlote schnob der Wind, es goß
Der Regen sprudelnd sich vom Dach,
Und wenn am Brand ein Flämmchen schoß,
Schien doppelt öde das Gemach.
Die Gäste waren all zur Hand,
Erleichternd ihres Wirtes Müh',
Van Neelen nur am Fenster stand
Und schimpfte auf die Landpartie.

Doch nach und nach mag's besser gehn,
Schon hat der Wind die Glut gefacht,
Den Regen läßt man draußen stehn,
Champagnerflaschen sind gebracht.
Die Leuchter hatten wenig Wert,
Es ging wie beim Studentenfest:
Sobald die Flasche ist geleert,
Wird eine Kerze drauf gepreßt.

Je mehr es fehlt, so mehr man lacht,
Der Wein ist heiß, die Kost gewählt,
Manch derbes Späßchen wird gemacht,
Und mancher feine Streich erzählt.
Zuletzt von Wein und Reden glüh,
Rückt seinen Stuhl der Herr vom Haus:
»Ich lud euch zu 'ner Landpartie,
Es ward 'ne Wasserfahrt daraus.

Doch da die allerschönste Fracht
Am Ende nach dem Hafen schifft,
So, meine Herren, gute Nacht!
Und nehmt vorlieb, wie es sich trifft.«
Da lachend nach den Flaschen greift
Ein jeder. — Türen auf und zu. —
Und Waller, noch im Gehen, streift
Aus seinem Frack den Ivanhoe.

*

46

Es war tief in die Nacht hinein,
Und draußen heulte noch der Sturm,
Schnob zischend an dem Fensterstein
Und brillt' den Glockenstrang am Turm.
In seinem Bette Waller lag,
Und las so scharf im Ivanhoe,
Daß man gedacht, bevor es Tag,
Sei Englands Königreich in Ruh.

Er sah nicht, daß die Kerze tief
Sich brannte in der Flasche Rand,
Der Talg in schweren Tropfen lief,
Und drunten eine Lache stand.
Wie träumend hört' er das Geknarr
Der Fenster, vom Rouleau gedämpft,
Und wie die Türe mit Geschnarr
In ihren Angeln zuckt und kämpft.

Sehr freut er sich am Bruder Tuck,
— Die Sehne schwirrt, es rauscht der Hain —
Da plötzlich ein gewalt'ger Ruck,
Und, hui! die Scheibe klirrt herein.
Er fuhr empor, — weg war der Traum —
Und deckte mit der Hand das Licht,
Ha! wie so wüst des Zimmers Raum!
Selbst ein romantisches Gedicht!

Der Sessel feudalistisch Gold —
Am Marmortisch die Greifenklau' —
Und überm Spiegel flatternd rollt,
Ein Banner, der Tapete Blau,

Im Zug, der durch die Lücke schnaubt;
Die Ahnenbilder leben fast,
Und schütteln ihr behelmtes Haupt,
Ergrimmt ob dem plebejen Gast.

Der blonde Waller machte gern
Sich selber einen kleinen Graus,
So nickt er spöttisch gen die Herrn,
Als fordert' er sie keck heraus.
Die Glocke summt — schon eins fürwahr!
Wie eine Boa dehnt' er sich,
Und sah nach dem Pistolenpaar,
Dann rüstet er zum Schlafe sich.

Die Flasche hob er einmal noch
Und leuchtete die Wände an,
Ganz wie 'ne alte Halle doch
Aus einem Scottischen Roman!
Und — ist das Nebel oder Rauch,
Was durch der Türe Spalten quillt
Und, wirbelnd in des Zuges Hauch,
Die dunstigen Paneele füllt?

Ein Ding — ein Ding — wie Grau in Grau,
Die Formen schwanken — sonderbar! —
Doch, ob der Blick sich schärft? den Bau
Von Gliedern nimmt er mählich wahr, —
Wie überm Eisenhammer schwer
Und schwarz des Rauches Säule wallt;
Ein Zucken flattert drüben her,
Doch — hat es menschliche Gestalt!

Er war ein hitziger Kumpan,
Wenn Wein die Lava hat geweckt.
»Qui vive!« — und leise knackt der Hahn,
Der Waller hat den Arm gestreckt:
»Qui vive!« — 'ne Pause — »ou je tire!«
Und aus dem Lauf die Kugel knallt;
Er hört sie schlagen an die Tür
Und abwärts prallen mit Gewalt.

Der Schuß dröhnt am Gewölbe nach
Und, eine schwere Nebelschicht,
Füllt Pulverbrodem das Gemach;
Er teilt sich, schwindet, das Gesicht
Steht in des Zimmers Mitte jetzt,
Ganz wie ein graues Bild von Stein,
Die Formen scharf und unverletzt,
Die Züge edel, streng und rein.

Auf grauer Locke grau Barett,
Mit grauer Hahnenfeder drauf.
Der Waller hat so sacht und nett
Sich hergelangt den zweiten Lauf.
Noch zögert er — ist es ein Bild,
Wär's zu zerschießen lächerlich;
Und wär's ein Mensch — das Blut ihm quillt —
Ein Geck, der unterfinge sich — ?!

Ein neuer Ruck, und wieder Knall
Und Pulverrauch — war das Gestöhn?
Er hörte keiner Kugel Prall —
Es ist vorüber! ist geschehn!

Der Waller zuckt: »Verdammtes Hirn!«
Mit einmal ist er kalt wie Eis,
Der Angstschweiß tritt ihm auf die Stirn,
Er starret in den Nebelkreis.

Ein Ächzen! oder Windeshauch! —
Doch nein, der Scheibensplitter schwirrt.
O Gott, es zappelt! — nein — der Rauch
Gedrängt vom Zuge schwankt und irrt;
Es wirbelt aufwärts, woget, wallt,
Und, wie ein graues Bild von Stein,
Steht nun am Bette die Gestalt,
Da, wo der Vorhang sinkt hinein.

Und drüber knistert's, wie von Sand,
Wie Funke, der elektrisch lebt;
Nun zuckt ein Finger — nun die Hand —
Allmählich nun ein Fuß sich hebt —
Hoch — immer höher — Waller winkt;
Dann macht er schnell gehörig Raum,
Und langsam in die Kissen sinkt
Es schwer, wie ein gefällter Baum.

»Ah, je te tiens!« er hat's gepackt,
Und schlingt die Arme wie 'nen Strick,
Ein Leichnam! todessteif und nackt!
Mit einem Ruck fährt er zurück;
Da wälzt es langsam, schwer wie Blei.
Sich gleich dem Mühlstein über ihn;
Da tat der Waller einen Schrei,
Und seine Sinne waren hin.

Am nächsten Morgen fand man kalt
Ihn im Gemache ausgestreckt;
's war eine Ohnmacht nur, und bald
Ward zum Bewußtsein er geweckt.
Nicht irre war er, nur gepreßt,
Und fragt: ob keiner ward gestört? —
Doch alle schliefen überfest,
Nicht einer hat den Schuß gehört.

So ward es denn für Traum sogleich
Und alles für den Alp erkannt;
Doch zog man sich aus dem Bereich
Und trollte hurtig über Land.
Wie waren alle viel zu klug
Und vollends zu belesen gar;
Allein der blonde Waller trug
Seit dieser Nacht eisgraues Haar.

Droste-Hülshoff

Junker Rechberger

Rechberger war ein Junker keck,
Der Kaufleut' und der Wanderer Schreck.
In einer Kirche verlassen,
Da tät er die Nacht verpassen.

Und als es war nach Mitternacht,
Da hat er sich auf den Fang gemacht;
Ein Kaufzug, hat er vernommen,
Wird frühe vorüberkommen.

Sie waren geritten ein kleines Stück,
Da sprach er: »Reitknecht, reite zurück!
Die Handschuh hab' ich vergessen
Auf der Bahre, da ich gesessen.«

Der Reitknecht kam zurück so bleich:
»Die Handschuh hole der Teufel Euch!
Es sitzt ein Geist auf der Bahre;
Es starren mir noch die Haare.

Er hat die Handschuh angetan
Und schaut sie mit feurigen Augen an,
Er streicht sie wohl auf und nieder;
Es beben mir noch die Glieder.«

Da ritt der Junker zurück im Flug;
Er mit dem Geiste sich tapfer schlug,
Er hat den Geist bezwungen,
Seine Handschuh wieder errungen.

Da sprach der Geist mit wilder Gier:
»Und läßt du sie nicht zu eigen mir,
So leihe mir auf ein Jährlein
Das schmucke, schmeidige Pärlein!«

»Ein Jährlein ich sie dir gerne leih',
So kann ich erproben des Teufels Treu';
Sie werden wohl nicht zerplatzen
An deinen dürren Tatzen.«

Rechberger sprengte von dannen stolz;
Er streifte mit seinem Knechte im Holz.
Der Hahn hat ferne gerufen,
Da hören sie Pferdehufen.

Dem Junker hoch das Herze schlug;
Des Weges kam ein schwarzer Zug
Vermummter Rittersleute,
Der Junker wich auf die Seite.

Und hinten trabt noch einer daher,
Ein ledig Räpplein führet er,
Mit Satten und Zeug staffieret,
Mit schwarzer Decke gezieret.

Rechberger ritt heran und frug:
»Sag an, wer sind die Herren vom Zug?
Sag an! trautlieber Knappe!
Wem gehört der ledige Rappe?«

»Dem treuesten Diener meines Herrn,
Rechberger nennt man ihn nah und fern.
Ein Jährlein so ist er erschlagen,
Dann wird das Räpplein ihn tragen.«

Der Schwarze ritt den andern nach.
Der Junker zu seinem Knechte sprach:
»Weh mir! vom Roß ich steige,
Es geht mit mir zur Neige.«

»Ist dir mein Rößlein nicht zu wild
Und nicht zu schwer mein Degen und Schild,
Nimm's hin dir zum Gewinnste
Und brauch' es in Gottes Dienste!«

Rechberger in ein Kloster ging;
»Herr Abt, ich bin zum Mönche zu 'ring;
Doch möcht' ich in tiefer Reue
Dem Kloster dienen als Laie.«

»Du bist gewesen ein Reitersmann,
Ich seh' es dir an den Sporen an;
So magst du der Pferde walten.
Die im Klosterstalle wir halten.«

.

Am Tag, da selbiges Jahr sich schloß,
Da kaufte der Abt ein schwarz wild Roß;
Rechberger sollt es zäumen,
Doch es tät sich stellen und bäumen.

Es schlug den Junker mitten aufs Herz,
Daß er sank in bitterem Todesschmerz,
Es ist im Walde verschwunden,
Man hat's nicht wieder gefunden.

Um Mitternacht, an Junkers Grab,
Da stieg ein schwarzer Reitknecht ab,
Einem Rappen hält er die Stangen;
Reithandschuh am Sattel hangen.

Rechberger stieg aus dem Grab herauf,
Er nahm die Handschuh vom Sattelknauf,
Er schwang sich in des Sattels Mitte;
Der Grabstein diente zum Tritte.

Das Lied ist Junkern zur Lehr' gemacht,
Daß sie geben auf ihre Handschuh acht,
Und daß sie fein bleiben lassen,
In der Nacht am Wege zu passen.

                                        Uhland

Unheimliche Stunde

Da hält die Nacht am Wegessaum,
Und neben ihr stehn Tod und Traum.
Das ist ein Geraune, ein Heimlichtun.
Ein Wind springt hinterm Wald hervor,
Erhascht ein Wort mit halbem Ohr,
Und ängstet feldein auf erschrocknen Schuhn.

Im Sumpfrohr hockt eine graue Gestalt,
Hundert graue Jahre alt,
Eine Frau, eine Her', eine böse Seel.
Sie hat einen Kessel am Feuer und braut,
Ein Kind, eine Kröte, ein Schattenkraut,
Gestank und Geschwel.

Ein grüner Stern steht grad überm Haus,
Sieht wie ein böses Auge aus,
Und dahinten der Himmel brennt so rot.
Und horch, was war das? Die Uhr blieb stehn.
Wollen wir nicht lieber beten gehn?
Uns ist allen das Beten not.

Falke

Holde Geister

Hochzeitlied

Wir singen und sagen vom Grafen so gern,
Der hier in dem Schlosse gehauset,
Da, wo ihr den Enkel des seligen Herrn,
Den heute vermählten, beschmauset.
Nun hatte sich jener im heiligen Krieg
Zu Ehren gestritten durch mannigen Sieg,
Und als er zu Hause vom Rösselein stieg,
Da fand er sein Schlösselein oben,
Doch Diener und Habe zerstoben.

Da bist du nun, Gräflein, da bist du zu Haus,
Das Heimische findest du schlimmer!
Zum Fenster da ziehen die Winde hinaus,
Sie kommen durch alle die Zimmer.
Was wäre zu tun in der herbstlichen Nacht?
So hab' ich doch manche noch schlimmer vollbracht,
Der Morgen hat alles wohl besser gemacht.
Drum rasch bei der mondlichen Helle
Ins Bett, in das Stroh, ins Gestelle!

Und als er im willigen Schlummer so lag,
Bewegt es sich unter dem Bette.
Die Ratte, die raschle, solange sie mag!
Ja, wenn sie ein Bröselein hätte!

Doch siehe! da stehet ein winziger Wicht,
Ein Zwerglein so zierlich mit Ampelen=Licht,
Mit Rednergebärden und Sprechergewicht,
Zum Fuß des ermüdeten Grafen,
Der, schläft er nicht, möcht' er doch schlafen.

Wir haben uns Feste hier oben erlaubt,
Seitdem du die Zimmer verlassen,
Und weil wir dich weit in der Ferne geglaubt,
So dachten wir eben zu prassen.
Und wenn du vergönnest und wenn dir nicht graut,
So schmausen die Zwerge, behaglich und laut,
Zu Ehren der reichen, der nieblichen Braut.
Der Graf im Behagen des Traumes:
Bedienet euch immer des Raumes!

Da kommen drei Reiter, sie reiten hervor,
Die unter dem Bette gehalten;
Dann folget ein singendes klingendes Chor
Possierlicher kleiner Gestalten;
Und Wagen auf Wagen mit allem Gerät,
Daß einem so Hören als Sehen vergeht,
Wie's nur in den Schlössern der Könige steht;
Zuletzt auf vergoldetem Wagen
Die Braut und die Gäste getragen.

So rennet nun alles in vollem Galopp
Und kürt sich im Saale sein Plätzchen,
Zum Drehen und Walzen und lustigen Hopp
Erkieset sich jeder ein Schätzchen.

Da pfeift es und geigt es und klinget und klirrt,
Da ringelt's und schleift es und rauschet und wirrt,
Da pispert's und knistert's und flüstert's und schwirrt:
Das Gräflein, es blicket hinüber,
Es dünkt ihm, als läg' er im Fieber.

Nun dappelt's und rappelt's und klappert's im Saal
Von Bänken und Stühlen und Tischen,
Da will nun ein jeder am festlichen Mahl
Sich neben dem Liebchen erfrischen;
Sie tragen die Würste, die Schinken so klein
Und Braten und Fisch und Geflügel herein,
Es kreiset beständig der köstliche Wein:
Das toset und koset so lange,
Verschwindet zuletzt mit Gesange.

Und sollen wir singen, was weiter geschehn,
So schweige das Toben und Tosen.
Denn was er so artig im kleinen gesehn,
Erfuhr er, genoß er im großen.
Trompeten und klingender singender Schall
Und Wagen und Reiter und bräutlicher Schwall,
Sie kommen und zeigen und neigen sich all,
Unzählige, selige Leute.
So ging es und geht es noch heute.

Goethe

Hütchen

»Ich bin ein Geist und geh' herum und heiße mit Namen
Hütchen:
Wer früh aufsteht und fleißig ist, bekommt von mir ein Güt=
chen!«
Husch, hin und her,
Die Kreuz und Quer!
Die ganze Stadt ist ledern,
Liegt bis ans Ohr in Federn! —
Doch horch, da klingt ping pang, ping pang, bei einem Nagel=
schmiede,
Und seine Tochter singt dazu aus einem frommen Liede.
»Gesegnet seid
Ihr guten Leut'!
Wie fleißig beide sitzen!
Die Tochter klöppelt Spitzen.« —
Nun macht der Schmied viel Nägel sich ... die Stange nimmt
kein Ende! —
Die Tochter mißt die Spitzen nach ... o Wunder! auch kein
Ende! —
»Seid fröhlich heut,
Ihr guten Leut';
Die Frühauf segnet Hütchen
Mit seinem Zauberrütchen!« —

Kopisch

Die Blütenfee

Maien auf den Bäumen, Sträußchen in dem Hag.
Nach der Schmiede reitet Janko früh am Tag.
Blütenschneegestöber segnet seine Fahrt,
Lilien trägt des Rößleins Mähne, Schweif und Bart.
Lacht der muntre Knabe: »Sag mir, Rößlein traut:
Bist bekränzt zur Hochzeit, doch wo bleibt die Braut?«

Horch, ein Pferdchen trippelt hinter ihm geschwind,
Auf dem Pferdchen schaukelt ein holdselig Kind.
Solche kleine Fante nimmt man auf den Schoß,
Auf die Schulter wirft er's spielend: Ei! wie groß!
Zappelnd schreit die Kleine: »Böser Bube, du!
Weh! ich hab' verloren meinen Lilienschuh.«

Rückwärts sprengt er suchend ein geraumes Stück.
Wie er mit dem Schuhe eilends kam zurück,
An des Kindes Stelle saß die schönste Maid.
Da geschah dem Jungen süßes Herzeleid.

Flüsterte die Schöne: »Liebster Janko mein,
Hab' ein kostbar Ringlein, strahlt wie Sonnenschein,
Bin dir hold gewogen, schenk' es dir zum Pfand.
Weh! ich hab's vergessen, badend an dem Strand.«

Wie er mit dem Ringlein wiederkehrte — schau!
Hing gebückt im Sattel eine welke Frau.
Ihre Zunge stöhnte: »Janko, du mein Sohn,
Weh! ein Tröpfchen Wasser! Schnell! um Gotteslohn.«

Wie er mit dem Wasser kam zum selben Ort,
War zu Staub und Asche Weib und Pferd verdorrt.

Spitteler

Nixe Binsefuß

Des Wassermanns sein Töchterlein
Tanzt auf dem Eis im Vollmondschein
Sie singt und lachet sonder Scheu
Wohl an des Fischers Haus vorbei.

»Ich bin die Jungfer Binsefuß
Und meine Fisch' wohl hüten muß;
Meine Fisch', die sind im Kasten,
Sie haben kalte Fasten;
Von Böhmerglas mein Kasten ist —
Da zähl' ich sie zu jeder Frist.

Gelt, Fischermatz? gelt alter Tropf,
Dir will der Winter nicht in Kopf?
Komm mir mit deinen Netzen!
Die will ich schön zersetzen!
Dein Mägdlein zwar ist fromm und gut,
Ihr Schatz ein braves Jägerblut.
Drum häng' ich ihr zum Hochzeitsstrauß,
Ein schilfen Kränzlein vor das Haus,
Und einen Hecht von Silber schwer,
Er stammt von König Artus her,
Ein Zwergen=Goldschmieds=Meisterstück,
Wer's hat, dem bringt es eitel Glück:

Lissauer, Balladen. 5

65

Er läßt sich schuppen Jahr für Jahr,
Da sind's fünfhundert Gröschlein bar.

Ade, mein Kind! Ade für heut!
Der Morgenhahn im Dorfe schreit.«

Mörike

Der Nöck

Es tönt der Nöcken Harfenschall:
Da steht der wilde Wasserfall,
Umschwebt mit Schaum und Wogen
Den Nöck im Regenbogen.
Die Bäume neigen
Sich tief und schweigen,
Und atmend horcht die Nachtigall. —

»O Nöck, was hilft das Singen dein?
Du kannst ja doch nicht selig sein!
Wie kann dein Singen taugen?«
Der Nöck erhebt die Augen,
Sieht an die Kleinen,
Beginnt zu weinen ...
Und senkt sich in die Flut hinein.

Da rauscht und braust der Wasserfall,
Hoch fliegt hinweg die Nachtigall,
Die Bäume heben mächtig
Die Häupter grün und prächtig.
O weh, es haben
Die wilden Knaben
Den Nöck betrübt im Wasserfall!

»Komm wieder, Nöck, du singst so schön!
Wer singt, kann in den Himmel gehn!

67

Du wirst mit deinem Klingen
Zum Paradiese bringen!
O komm, es haben
Gescherzt die Knaben:
Komm wieder, Nöck und singe schön!«

Da tönt des Nöcken Harfenschall,
Und wieder steht der Wasserfall,
Umschwebt mit Schaum und Wogen
Den Nöck im Regenbogen.
Die Bäume neigen
Sich tief und schweigen,
Und atmend horcht die Nachtigall.

Es spielt der Nöck und singt mit Macht
Von Meer und Erb' und Himmelspracht.
Mit Singen kann er lachen
Und selig weinen machen! —
Der Wald erbebet,
Die Sonn' entschwebet . . .
Er singt bis in die Sternennacht!

Kopisch

68

Die Glockenjungfern

Die Glockenjungfern schwingen
Sich hoch vom Turm und singen
Ein Morgenjubellied im Chor.
Kein Engelmund tönt reiner,
Je ferner, desto feiner,
Und niemals fehlt ihr kluges Ohr.

Verknüpft die Schwesternhände
Zur Kette ohne Ende,
Blüht durch das Blau der farbige Kranz.
Auf Schlüsselblumenmatten
Segelt ihr Wolkenschatten
Rainauf, rainab im flüchtigen Tanz.

Frühling und Lerchenlieder —
Sie jauchzen alles nieder,
Siegreich behauptend ihren Ton.
Die Sonne horcht von oben,
Das Echo möcht's erproben,
Versucht's und wiederholt es schon.

Der Wanderer im Staube
Erhebt das heiße Auge,
Lächelt und hemmt den müden Schritt.
Doch längs dem Weg die Wellen,
Die durch das Bächlein schnellen,
Laufen in flinken Sprüngen mit.

69

Da mahnt vom Turm ein Zeichen —
Ein plötzliches Erbleichen,
Und alles heimwärts stürzt und drängt.
O weh! der Jungfern kleinste,
Die Lieblichste, die Feinste,
Ist von dem Reigen abgesprengt.

Sie huscht auf leisen Sohlen
Die Schwestern einzuholen,
Den Finger ängstlich an dem Mund.
Jetzt langt sie an mit Zagen —
Ein Taubenflügelschlagen —
Schlüpft ein — und stille wird's im Rund.

Horch! welch Posaunenschweigen!
Die Lüfte kreisen, steigen
Und lauschen nach dem Turm vereint,
Ob irgendwo ein Röckchen,
Ein Zipfel oder Söckchen
Der Glockenjungfern noch erscheint.

Spitteler

70

Die Gestorbenen

Der Totentanz

Der Türmer, der schaut zu mitten der Nacht
Hinab auf die Gräber in Lage:
Der Mond, der hat alles ins Helle gebracht,
Der Kirchhof, er liegt wie am Tage.
Da regt sich ein Grab und ein anderes dann:
Sie kommen hervor, ein Weib da, ein Mann,
In weißen und schleppenden Hemden.

Das reckt nun, es will sich ergötzen sogleich,
Die Knöchel zur Runde, zum Kranze,
So arm und so jung, und so alt und so reich;
Doch hindern die Schleppen am Tanze.
Und weil hier die Scham nun nicht weiter gebeut,
Sie schütteln sich alle: da liegen zerstreut
Die Hemdelein über den Hügeln.

Nun hebt sich der Schenkel, nun wackelt das Bein,
Gebärden da gibt es vertrackte;
Dann klippert's und klappert's mitunter hinein,
Als schlüg' man die Hölzlein zum Takte.
Das kommt nun dem Türmer so lächerlich vor!
Da raunt ihm der Schalk, der Versucher, ins Ohr:
Geh, hole dir einen der Laken!

Getan wie gedacht! Und er flüchtet sich schnell
Nun hinter geheiligte Türen.

Der Mond, und noch immer er scheinet so hell
Zum Tanz, den sie schauderlich führen.
Doch endlich verlieret sich dieser und der,
Schleicht eins nach dem andern gekleidet einher,
Und husch! ist es unter dem Rasen.

Nur einer, der trippelt und stolpert zuletzt
Und tappet und grapst an den Grüften;
Doch hat kein Geselle so schwer ihn verletzt:
Er wittert das Tuch in den Lüften.
Er rüttelt die Turmtür, sie schlägt ihn zurück,
Geziert und gesegnet, dem Türmer zum Glück,
Sie blinkt von metallenen Kreuzen.

Das Hemd muß er haben, da rastet er nicht,
Da gilt auch kein langes Besinnen;
Den gotischen Zierat ergreift nun der Wicht
Und klettert von Zinne zu Zinnen.
Nun ist's um den armen, den Türmer, getan!
Es rückt sich von Schnörkel zu Schnörkel hinan,
Langbeinigen Spinnen vergleichbar.

Der Türmer erbleichet, der Türmer erbebt,
Gern gäb' er ihn wieder, den Laken.
Da häkelt — jetzt hat er am längsten gelebt —
Den Zipfel ein eiserner Zacken.
Schon trübet der Mond sich, verschwindenden Scheins,
Die Glocke, die donnert ein mächtiges Eins,
Und unten zerschellt das Gerippe.

Goethe

Die traurige Krönung

Es war ein König Milesint,
Von dem will ich euch sagen:
Der meuchelte sein Brudersfind,
Wollte selbst die Krone tragen.
Die Krönung ward mit Prangen
Auf Liffey=Schloß begangen.
O Irland! Irland! warest du so blind?

Der König sitzt um Mitternacht
Im leeren Marmorsaale,
Sieht irr in all die neue Pracht,
Wie trunken von dem Mahle;
Er spricht zu seinem Sohne:
»Noch einmal bring die Krone!
Doch schau, wer hat die Pforten aufgemacht?«

Da kommt ein seltsam Totenspiel,
Ein Zug mit leisen Tritten,
Vermummte Gäste groß und viel,
Eine Krone schwankt inmitten;
Es drängt sich durch die Pforte
Mit Flüstern ohne Worte;
Dem Könige, dem wird so geisterschwül.

Und aus der schwarzen Menge blickt
Ein Kind mit frischer Wunde,
Es lächelt sterbensweh und nickt,
Es macht im Saal die Runde,
Es trippelt zu dem Throne,
Es reichet eine Krone
Dem Könige, des Herze tief erschrickt.

Darauf der Zug von dannen strich,
Von Morgenluft berauschet,
Die Kerzen flackern wunderlich,
Der Mond am Fenster lauschet;
Der Sohn mit Angst und Schweigen
Zum Vater tät sich neigen —
Er neiget über eine Leiche sich.

Mörike

76

Der Tod des Wü-Hang-Tsi

Die Schlacht ist geendet. Die Trommeln verhallten.
Nacht deckt die Toten und das Feld.
Nur Wachen gehn. Und am Lichtschein im Zelt
— Dessen purpurne Seidenfalten
Windhauch bewegt — sitzt Wü-Hang-Tsi, der Sieger,
Der Feldherr, der allmächtige Krieger.
Sein Haar, sein Gesicht, seine Augen sind grau.
Sein Prunkrock ist rissig. Nie hat eine Frau
Den Alten umarmt, der allen befiehlt:
Dem Sklaven, dem Kaiser, der Gewalt, dem Verrat.
Um seine blutlosen Lippen spielt
Boshafte Freude. Vollbracht ist die Tat:
   Der größte Feind, den das Land ihm getragen,
   Der Jugendfreund, den er ein Leben gehaßt,
   Ist besiegt und erniedrigt, vielleicht erschlagen —
   Den Gewalt nicht warf, List hat ihn erfaßt!

Die Drachenbilder des Vorhangs bewegen
Die goldenen Schweife, die Schuppen und Klaun.
In offenem Mantel, jung, sehnig und braun,
Tritt ein Hauptmann daraus dem Feldherrn entgegen
Und beugt das Knie. Da lächelt der Graue,
Hebt die augenbeschattende Braue,
Lädt ihn zum Sitzen, nickt und spricht:
»Den Becher bringe, den Wein noch nicht!

Erst wenn das Haupt des Aufruhrs fiel
Und blutig mich angrinst hier im Zelt,
Bin ich der Sieger, steh' ich am Ziel,
Ist der Kaiser wieder der Herr der Welt!
    Zwar der größte Feind, den das Land mir getragen,
    Der Lachende, den ich mein Leben gehaßt,
    Ist blutig besiegt. Doch bis er erschlagen
    Und sein Haupt mir gebracht wird, hab' ich nicht Rast.«

Und er sinnt: »Wir wuchsen zusammen auf,
Beide aus abligen Häusern entstammt,
Beide von Waffenehrgeiz entflammt,
Im Garten des Kaisers. Und er stieg hinauf
Die Stufen des Ruhms. Schön war er und groß,
Seine Rede betörend. So fiel ihm das Los
Und die Gnade des Herrschers. Ich stand zurück.
Aber dann wandte sich Glanz und Glück,
Weil der Stolze die Demut vergaß!
Seine Gnade versiegte, ich wuchs empor,
Bis ich an seiner Stelle saß
Und er den Aufruhr führte, der Tor!
    Der Größte, den jetzt die Erde getragen,
    Wurd' er, wenn er die Stunde erfaßt.
    Aber der Übermut hat ihn geschlagen.
    Ich war ein Narr, daß ich je ihn gehaßt.«

Der Hauptmann spricht leise: »Ich hab' ihn bewundert,
Den gewaltigen Mann, deinen größten Feind —
Ein Auge so hell, wie die Sonne scheint,
Und eine Gestalt hoch über den Hundert.

Heut ging ich ihn an, doch vor seinem Blick,
Dem mild und starken, wich ich zurück.
Mich faßte Scheu. Das tat nicht sein Schwert.
Mich brannte sein Adel und sein Wert.
Er war umringt. Es war nicht schwer,
Mit seinem Blute die Erde zu röten,
Wohl zwanzig waren um ihn her.
Aber ich wollte den Helden nicht töten!
    Denn der herrlichste Mann, den die Erde getragen,
    Den kein Krieger, der je ihn gesehen, mehr haßt,
    Der wird nur von einem Niedren erschlagen,
    Den seines Blickes Gewalt nicht faßt.«

Der Alte springt auf; es klirren die Becher,
Es schwankt der Tisch: »Verhöhnst du mich, Narr?«
Da wird der andere leblos, starr,
Blickt fern und leer wie ein trunkener Zecher,
Und es haucht aus ihm eine fremde Stimme:
»Was zürnst du dem Hauptmann mit törichtem Grimme?
Er hat nichts versäumt. Ich ward ja erschlagen.
Geh deine listigen Fanghunde fragen!
Unten am Bache lieg' ich im Blut.
Unsere Freundschaft ist blutrot besiegelt.
Aber, Grauer, wahre dich gut!
Denn meinen Geist hat das Sterben beflügelt.
    Als Freunde zugleich hat die Welt uns getragen,
    Wir haben zugleich uns bekämpft und gehaßt.
    Nun aber soll uns beide erschlagen
    Der gleiche Tag. Deshalb komm' ich zu Gast.

Noch eh' sie dir bringen konnten mein Haupt,
Das bald dich angrinst in deinem Zelt,
Fand ich Stimme und einen Arm, der dich fällt
Und den Kranz von der grauen Stirne dir raubt!«
Nach dem Gehänge tasten die Hände
Des Hauptmanns, lösen das Schwert von der Lende;
Hohnfreude leuchtet und läuft wie ein Blick
Am Stahl und ins Geisterauge zurück:
»Ich, Grauer, ich habe das Leben genossen,
Mir gaben die Frauen Krone und Kranz!
Was tatest du? Du schlichst verdrossen,
Ein Schatten, durch den leuchtenden Glanz!
   Und lieg' ich auch heut auf der Walstatt erschlagen,
   Weil mich ein listiger Feind gehaßt,
   Wer war glücklicher, den die Erde getragen,
   Als ich, dessen Geist seinen Gegner noch faßt?«

»Hund!« schreit der Alte, »noch leuchtet mein Tag!
Aber du wirst vergehn und verschwinden,
Wirst keinen Mund zum Drohen mehr finden!
Nieder den Knecht!« Doch da fällt schon der Schlag
Des blitzenden Schwerts aus des Hauptmanns Hand.
Der Alte faßt blutend die Falten der Wand —
Anstarrt er sterbend den seltsamen Boten,
Der jäh hinsinkt wie ein Toter zu Toten.
Dann horcht er. Vom Lager kommt Lärmen und Schrei'n,
Das durch Zeltgassen wachsend sich windet;
Ein Arm streckt ein herrliches Haupt herein;
Eine Stimme im Vorhang tönt und verkündet:

»Einen Helden, wie keinen die Erde getragen,
Hat die Sichel des Todes erfaßt,
Unten am Bache liegt er erschlagen.
Tot grüßt dich sein Haupt, das dich lebend gehaßt!«

Scholz

Der Fundator

Im Westen schwimmt ein falber Strich,
Der Abendstern entzündet sich
Grad' überm Sankt Georg am Tore;
Schwer haucht der Dunst vom nahen Moore.
Schlaftrunk'ne Schwäne kreisen sacht
Ums Eiland, wo die graue Wacht
Sich hebt aus Wasserbins' und Rohre.

Auf ihrem Dach die Fledermaus,
Sie schaukelt sich, sie breitet aus
Den Rippenschirm des Schwingenflosses,
Und mit dem Schwirren des Geschosses,
Entlang dem Teich — hinauf, hinab,
Dann klammert sie am Fensterstab
Und blinzt in das Gemach des Schlosses:

Ein weit Gelaß, im Sammetstaat,
Wo einst der mächtige Prälat
Des Hauses Chronik hat geschrieben.
Frisch ist der Baldachin geblieben,
Der güldne Tisch, an dem er saß,
Und seine Seelenmesse las
Man heut in der Kapelle drüben.

Heut sind es grade hundert Jahr,
Seit er gelegen auf der Bahr'
Mit seinem Kreuz und Silberstabe.

Die erw'ge Lamp' an seinem Grabe
Hat heute hundert Jahr gebrannt.
In seinem Sessel an der Wand
Sitzt heut ein schlichter alter Knabe.

Des Hauses Diener Sigismund,
Harrt hier der Herrschaft, Stund' auf Stund';
Schon kam die Nacht mit ihren Flören,
Oft glaubt die Kutsche er zu hören,
Ihr Quitschern in des Weges Kies,
Er richtet sich — doch nein — es blies
Der Abendwind nur durch die Föhren.

's ist eine Dämmernacht, genau
Gemacht für Alp und weiße Frau.
Dem Junkerlein ward es zu lange.
Dort schläft er hinterm Damasthange.
Die Chronik hält der Alte noch
Und blättert fort im Finstern, doch
Im Ohre summt es gleich Gesange:

»So hab' ich dieses Schloß erbaut,
Ihm mein Erworbnes anvertraut
Zu des Geschlechtes Nutz und Walten;
Ein neuer Stamm sprießt aus dem alten,
Gott segne ihn! Gott mach ihn groß! —«
Der Alte horcht, das Buch vom Schoß
Schiebt er sacht in der Lade Spalten.

Nein — durch das Fenster ein und aus
Zog schrillend nur die Fledermaus;
Nun schießt sie fort. — Der Alte lehnet
Am Simse. Wie der Teich sich dehnet
Ums Eiland, wo der Warte Rund
Sich tief schattiert im matten Grund.
Das Röhricht knirrt, die Unke stöhnet.

Dort, denkt der Greis, dort hat gewacht
Der alte Kirchenfürst, wenn Nacht
Sich auf den Weiher hat ergossen.
Dort hat den Reiher er geschossen,
Und zugeschaut des Schlosses Bau,
Sein weiß Habit, sein Auge grau,
Lugt drüben an den Fenstersprossen.

Wie scheint der Mond so kümmerlich!
— Er birgt wohl hinterm Tanne sich —
Schaut nicht der Turm wie 'ne Laterne,
Verhauchend, dunstig, aus der Ferne!
Wie steigt der blaue Duft im Rohr
Und rollt sich am Gesims empor!
Wie seltsam blinken heut die Sterne!

Doch ha! — er blinzt, er spannt das Aug',
Denn dicht und dichter schwillt der Rauch;
Als ob ein Docht sich langsam fache,
Entzündet sich im Turmgemache
Wie Mondenschein ein graues Licht,
Und dennoch — dennoch — las er nicht,
Nicht Neumond heut im Almanache?

Was ist das? — deutlich, nur getrübt
Vom Dunst, der hin und wieder schiebt,
Ein Tisch, ein Licht in Turmes Mitten,
Und nun — nun kommt es hergeschritten,
Ganz wie ein Schatten an der Wand,
Es hebt den Arm, es regt die Hand —
Nun ist es an den Tisch geglitten.

Und nieder sitzt es, langsam, steif,
Was in der Hand? — ein weißer Streif! —
Nun zieht es etwas aus der Scheiden
Und fingert mit den Händen beiden,
Ein Ding — ein Stäbchen ungefähr —
Dran fährt es langsam hin und her,
Es scheint die Feder anzuschneiden.

Der Diener blinzt und blinzt hinaus:
Der Schemen schwankt und bleichet aus,
Noch sieht er es die Feder tunken,
Dadrüber gleitet es wie Funken,
Und in demselbigen Moment
Ist alles in das Element
Der spurlos finstern Nacht versunken.

Noch immer steht der Sigismund,
Noch starrt er nach der Warte Rund,
Ihn dünkt, des Weihers Flächen rauschen,
Weit beugt er übern Sims, zu lauschen;
Ein Ruder! — nein, die Schwäne ziehn!
Grad hört er längs dem Ufergrün
Sie sacht ihr tiefes Schnarchen tauschen.

Er schließt das Fenster. — »Licht, o Licht!«
Doch mag das Junkerlein er nicht
So plötzlich aus dem Schlafe fassen,
Noch minder es im Saale lassen.
Sacht schiebt er sich dem Sessel ein,
Zieht sein korall'nes Rösterlein,
— Was klingelt drüben an den Tassen? —

Nein — eine Fliege schnurrt im Glas!
Dem Alten wird die Stirne naß;
Die Möbeln stehn wie Totenmale,
Es regt und rüttelt sich im Saale,
Allmählich weicht die Tür zurück,
Und in demselben Augenblick
Schlägt an die Dogge im Portale.

Der Alte drückt sich dicht zu Hauf,
Er lauscht mit Doppelsinnen auf,
— Ja! am Parkett ein leises Streichen,
Wie Wiesel nach der Stiege schleichen —
Und immer härter, Tapp an Tapp,
Wie mit Sandalen, auf und ab,
Es kommt — es naht — er hört es keuchen.

Sein Sessel knackt! — ihm schwimmt das Hirn —
Ein Odem, dicht an seiner Stirn!
Da fährt er auf und wild zurücke,
Errafft das Kind mit blindem Glücke
Und stürzt den Korridor entlang.
Oh, Gott sei Dank! ein Licht im Gang,
Die Kutsche rasselt auf die Brücke!

Droste=Hülshoff

Die blitzerschlagene Magd

Ein Erntetag hat ausgebrannt.
Fünfzig Fuder sind unter Dach.
Die Knechte und Mägde halten Schmaus
Und tragen alte Geschichten aus.
Eins nach dem andern sinkt an die Wand,
Nur der Großknecht Johann bleibt wach.

Bleierne Schwüle kriecht durch die Tür,
Geht vor bis an die Bank,
Haucht alle Schläfer stickig an,
Hockt breit zum alten Knecht Johann,
Macht sauer das Krüglein Erntebier
Und die Pferde im Stalle krank.

Fernab grollt Donner. Überm Wald.
Die Schlummrer wirft's hin und her.
Der Großknecht will nach den Pferden sehn,
Er kann's nicht, es geht nicht, er kann nicht stehn.
Ihm wird die Stirne schweißig kalt.
Die Türe dreht sich schwer.

Da steht — o du allbarmherziger Gott! —
Die Gret, die Magd, die der Blitz erschlug:
Mit dem schwarzgefächerten Gesicht
Stiert sie zum Tisch und redet nicht.
Sie zittert noch vor Sterbenot
Und trägt das Kleid, das sie trug.

Dem Knecht sind die Sinne schier verdorrt,
Die Gret schlurft zu ihm heran.
Sturm kommt. Der Donner fällt ans Tor.
Die Schlummrer nicken wie zuvor.
Einen Blitz reißt die Gret von den Wolken fort
Und wirft ihn so rasch sie kann.

Mitten splirrt er den Tisch entzwei.
Alle sind schwarz gebrannt.
Nun ist die Gret nicht mehr allein,
Die alle werden bei ihr sein.
Die schrein wie sie einen kurzen Schrei —
Und alle sind schwarzgebrannt.

Schüler

He wak

Se keem ant Bett inn Dodenhemd und harr en Licht in Hand,
Se weer noch witter as es Hemd und as de witte Wand.

So keem se langsam langs de Stuv und fat an de Gardin,
Se lücht un keek em int Gesicht un loehn sik oeverhin.

Doch harr se Mund un Ogen to, de Bossen stunn er still,
Se röhr keen Lid un seeg doch ut as een de spreken will.

Dat Gresen krop em langs dem Rügg un Schuder doer de Hut
He meen he schreeg in Dodesangst — und broch kenn Stimm
                                                    herut.

He meen he greep mit beide Hann' un wehr sik voer den Dod—
Un föhl mank alle Schreckensangst, he röhr ni Hand noch Fot.

Doch as he endlich to sik keem, do ging se jüs ut Doer,
As Krid so witt — in Dodenhemd — un lücht sik langsam voer.

                                              Groth

»Schiff ahoi!«

Lars Jessen, der ist vor siebzehn Jahren
Mit der »Anna Kathrin« nach Rio gefahren,
Und die »Anna Kathrin« ist nie wiedergekommen.
Aber es weiß doch ganz Westerland,
Wie er sein Ende genommen.

Denn sein Bruder Jan ist in jenen Wochen
Mit dem Heringslogger in See gestochen.
Der Fisch, der zog in großmächtigen Scharen,
Daß die Wasser auf Meilen graugewölkt
Von den wandernden Zügen waren.

Und es war ein Tag bei den Vorkumer Bänken,
An den wird Jan Jessen sein Lebtag denken!
Sie konnten den richtigen Kurs kaum halten,
Denn die See ging hoch und der Wind sprang um,
Daß die Segel in Fetzen knallten.

Und auf einmal sahen sie, Gott soll uns bewahren,
Piel gegen den Sturm einen Segler fahren,
Kein Mann auf Deck und keiner am Steuer,
Und oben brannten auf Mast und Rah'
Fahle, flimmernde Feuer.

Und als sie noch starr vor Entsetzen standen,
Kam's »Schiff ahoi!« über Gischt und Branden,
Und noch ei mal, dicht im Vorüberschießen,
Eine Stimme nicht wie aus Menschenmund:
»Jan Jessen, ich soll dich grüßen!«

Dann war es weg. Wie in Luft zerflossen.
Was war das? Seespuk und Teufelspossen?
Jan Jessen war still. Er brauchte nicht fragen.
Er wußte, mein Bruder Lars ist tot
Und läßt es mir sagen.

Und wie er zu Hause an Land gestiegen
Und will in den Sandweg zum Dorfe biegen,
Ist Lars Jessens Weib ihm entgegengekommen
Und hat ein schwarzes Trauertuch
Über die Schultern genommen.

Und sie sagte: »Jan, ich hab' ihn gesehen.
Meine Uhr, die blieb in der Küche stehen,
Und als ich hinging, sie anzuticken,
Da war mir auf einmal so seltsam kalt,
Als stünde mir einer im Rücken.

Ich sah mich um. Er stand auf der Schwelle,
Und stand zwischen Dunkel und Feuerhelle.
Er hat kein einziges Wort gesprochen,
Das Wasser floß ihm aus Bart und Haar,
Seine Augen waren gebrochen.

Ich stand und hörte die Wassertropfen,
Tapp, tapp, auf Dielen und Schwelle klopfen,
Und als ich stammelnd das Wort gefunden:
‚Gott sei deiner Seele gnädig, Mann!‘
Da war er verschwunden.

Das eine grämt mich: Wo mag er wohl liegen?
Und daß er kein Kreuz auf sein Grab soll kriegen —
Nur auf dem Platz, wo er Sonntags gesessen,
Die Tafel da an der Kirchenwand:
‚Verunglückt auf See. Lars Jessen.‘«...

Die Tafel hängt da. Verblaßt die Lettern,
Braun der Kranz mit verstaubten Blättern,
Und der Reeder wartet seit siebzehn Jahren,
Aber er hat von der »Anna Kathrin«
Nie ein Wort mehr erfahren.

                                    Strachwitz

Der Seefahrer

Der Schiffsraum aber barst mit schwerem Knall,
In greller Lohe Bug und Deck und Masten,
Hoch bäumt nach Backbord sich der alte Kasten,
Die Bö posaunt — ein grauer Wasserschwall —
Schreie — Gebete — wetternde Befehle —
Ein Stoß, ein Sturz — Gott gnade meiner Seele! —
Hinunter. Schwarze Nacht auf allen Sinnen.
Maat, noch ein Glas! Das Garn ist lang zu spinnen.

Tief unten war's. Da sah ich, was ich sah.
Es ist kein Tag, und auch nicht Nacht ist da.
Grün glimmt der Sand. Gesunk'ner Schiffe Planken,
Ein Riesenmast, der fahle Splitter streckt.
In Blasen quirlt es auf aus bleichen Ranken,
Die flutend in lebend'gem Spiele schwanken,
Wie lange Arme, lauernd ausgereckt.
Am Wrackholz Muscheln, die mit Riesenklappen
Lautlos nach Beute in die Strömung schnappen,
Und Fische stehn zu Haupt in fahlem Glänzen
Und schlagen mit den schleierzarten Schwänzen.

Da unten wandert es. Ein ruhlos Heer,
Tausendmal tausend, ohne Zahl und Ende,
Blicklos das Auge, blau erstarrt die Hände,
Watend im Sand, die Füße bleiern schwer,

Verlorne Fahrer ohne Weg und Pfad,
Blaujacken, graue Kerle, blasse Weiber,
In matten Armen schlaffe Kinderleiber,
Gesunk'ner Schiffe Volk mit Mann und Maat,
Verschollne Trachten, längst vergessene Namen —
Alle, die gingen und nicht wiederkamen.

Ich sah sie alle. Schemenhaft und blaß
Sah ich sie ziehn wie durch betautes Glas
Mir nah vorüber. Einer winkte stumm,
Da ging ich mit. Ich wußte nicht, warum.
Endlos der Weg, er wuchs vor unsern Schritten,
Die müden Füße strauchelten und glitten.
Wer taumelnd fiel, dem half der Nächste auf,
Ein Weib schlug hin, ich bog mich, zuzupacken,
Da hing sie bleiern sich an meinen Nacken.
Abgründe blauten bodenlos herauf,
Und über uns im Grau, dem lichtlos matten,
Zogen wie Wolken großer Wale Schatten.

Da sah ich einen an, der vor mir ging,
Dem schlaff und schwer der Kopf vornüber hing,
Und kannte ihn: den Peter Jens, den langen,
Der nachts bei Dover über Bord gegangen.
Ich zog ihn leise am zerfetzten Hemd,
Und meine Stimme klang mir fern und fremd:
»Wo geht ihr hin?« — Er sah mich glanzlos an:
»Wir suchen, suchen, suchen!« sprach er dann.

»Was sucht ihr, Jens?« — Ein Wort nur sprach er: »Land!«
Da hoben alle rings, die mit uns schlichen,
Matte Gesichter, gramvoll und verblichen,
Und scheues Jammern lief entlang den Sand.

Mir aber war's, als wuchs mir jäh die Kraft.
Ich wandte mich und rief mit starkem Schalle
In diesen Strom der Totenwanderschaft:
»Faßt Mut! Mir nach! Gott führt uns alle!«
Mein toter Herzschlag zuckte auf und schlug,
Vorwärts und vorwärts in die fahle Stille
Riß mich ein großer, unbekannter Wille —
Und endlos hinter mir der dunkle Zug.

Ich kannte nicht die Zeit, die dann verging.
Bisweilen schien das Dunkel sich zu hellen,
Das farblos lastend uns zu Häupten hing,
Und aus des Sandes bleich erstarrten Wellen
Wuchs es wie Land — ganz nah vor unserm Blick,
Zum Greifen nah! Dann sank es jäh zurück.
Der großen Tiefe fratzenhafte Brut
Folgte uns lauernd nach in trägem Heere.
Verloren in der ungeheuren Leere
Erfror die Hoffnung, losch der letzte Mut —
Erlösung gibt es nicht! Kein Morgen graut!
Wozu die Qual?
             In taumelndem Ermatten
Blieben sie liegen unter ew'gen Schatten.
Wo bist du, Gott? Mein Schrei war ohne Laut. —

95

Da brach's herein. Ein Punkt! Ein jäher Schein!
Der Spalt riß auf — das quoll in goldnen Fluten,
Himmel und Erde schwamm in Glanz und Gluten —
Erlösung! Heil! Ein Sturm ins Licht hinein!
Ich schleuderte das Weib hinauf zum Strand
Und schrie mit letzten Kräften taumelnd: Land!

He, Maat, ein frischer Schluck! Mein Glas ist leer.
Was weiter war? Sonst nichts. Ich weiß nichts mehr.
Sie haben mich — die Nacht war schlimm gewesen —
In Schottland an der Küste aufgelesen.
Mein Schiff? Das Wrack? Gott weiß es, wo es blieb.
Was in der Nacht mit mir zu Lande trieb,
War kalt und tot. Nun hat es seine Ruh!
Drei Handvoll Erde und ein Kreuz dazu,
Gott hab' es selig!
                          Manchmal in der Nacht,
Wenn's um die Koje ächzt und knarrt und kracht,
Und oben in den Rahen pfeift die Bö,
Und an die Achterluken klatscht die See,
Dann kommt es wieder. Wandern, immer Wandern,
Lautlos und endlos mit den tausend andern!
Viele sind da, die sah ich ziehn seit Jahren.
Und immer neue. Jede Nacht in Scharen!
Bisweilen einer, den ich gut gekannt,
Der nickt mir zu und gibt mir stumm die Hand.
Ich sehe alle, die die See genommen,
Und auch die andern seh' ich: Die noch kommen,
Manch junges Blut, das heut hier oben lacht
Und sich ums Sterben keine Sorgen macht.

Tief, tief da unten ziehn wir, Schritt für Schritt,
Die ganze Nacht.
         Du weißt das ja, Jan Witt,
Dann kann kein Rütteln aus dem Schlaf mich schrecken,
Und wenn ihr schreit, als wollt ihr Tote wecken.
Ich komme wieder, wenn's auf Morgen geht,
Wenn's grau im Osten überm Wasser steht,
Dann fahr' ich hoch. Mein Kopf ist dumpf und schwer,
Ich kann nicht lachen, tagelang nachher.

He, singt eins, junges Volk! Was sitzt ihr stumm?
Was morgen kommt, wer schert sich heute drum?
Kopf hoch und lustig! Das ist Seemanns Brauch!
An jedem Tag, daheim und in der Fremde,
Trägt unsereiner ja sein Totenhemde,
Und der da oben kennt die Tiefen auch!

Strauß und Torney

Ankündung und Weissagung

Der Gesang der Parze

In der Wiege schlummert ein schönes Römerkind,
Die graue Parze sitzt daneben und spinnt.
Sie schweigt und spinnt. Doch ist die Mutter fort,
So singt die Parze murmelnd ein dunkles Wort:

»Jetzt liegst du, Kindlein, noch in der Traumesruh.
Bald, kleine Claudia, spinnest am Rocken du —
Du wachsest rasch und entwächst den Kleidlein bald!
Du wachsest schlank! Du wirst eine Wohlgestalt!

Die Fackel lodert und wirft einen grellen Schein,
Sie kleiden dich mit dem Hochzeitsschleier ein!
Die Knaben hüpfen empor am Festgelag
Und scherzen ausgelassen zum ernsten Tag.

Eine Herrin wandelt in ihrem eignen Raum,
Und ihre Mägd' und die Sklaven atmen kaum.
Ihr ziemt, daß all die Hände geflügelt sind.
Ihr ziemt, daß all die Lippen gezügelt sind.

Die blühenden Horen schwingen im Reigen sich:
Dir ward ein Knabe, Julier, freue dich!
Doch wenn die Freude schwebt und die Flöte schallt,
Dann«— singt die Parze — »kommt der Jammer bald.

Der Tiber flutet und überschwemmt den Strand,
Das bleiche Fieber steigt empor ans Land,
Der Rufer ruft und kündet von Haus zu Haus:
‚Vernehmt: Den Julier tragen sie heut hinaus!‘

Jetzt, kleine Claudia, trägst du unträglich Leid!
In strenge Falten legst du dein Witwenkleid.
Dein Römerknabe springt dir behend vom Schoß.
Und grüßt dich helmumflattert herab vom Roß . . .

Die Tuben blasen Schlacht, und sie blasen Sieg . . .
Da naht’s. Da kommt’s, was empor die Stufen stieg:
Vier Männer und die Bahre, Claudia, sind’s,
Mit der bekränzten Leiche deines Kinds!

Jetzt, kleine Claudia, bist du zu Tode wund« —
Das Kindlein lächelt. Es klirrt ein Schlüsselbund.
Die Mutter tritt besorgt in die Kammer ein,
Und die Parze bleicht im goldenen Morgenschein.

Meyer

Kassandra

Freude war in Trojas Hallen,
Eh' die hohe Feste fiel,
Jubelhymnen hört man schallen
In der Saiten goldnes Spiel.
Alle Hände ruhen müde
Von dem tränenvollen Streit,
Weil der herrliche Pelide
Priams schöne Tochter freit.

Und geschmückt mit Lorbeerreisern,
Festlich wallet Schar auf Schar
Nach der Götter heil'gen Häusern
Zu der Thymbriers Altar.
Dumpf erbrausend durch die Gassen
Wälzt sich die bacchantsche Lust,
Und in ihrem Schmerz verlassen
War nur eine traur'ge Brust.

Freudlos in der Freude Fülle,
Ungesellig und allein,
Wandelte Kassandra stille
In Apollos Lorbeerhain.
In des Waldes tiefste Gründe
Flüchtete die Seherin,
Und sie warf die Priesterbinde
Zu der Erde zürnend hin:

»Alles ist der Freude offen,
Alle Herzen sind beglückt,
Und die alten Eltern hoffen,
Und die Schwester steht geschmückt.
Ich allein muß einsam trauern,
Denn mich flieht der süße Wahn,
Und geflügelt diesen Mauern
Seh' ich das Verderben nahn.

Eine Fackel seh' ich glühen,
Aber nicht in Hymens Hand;
Nach den Wolken seh' ich's ziehen,
Aber nicht wie Opferbrand.
Feste seh' ich froh bereiten,
Doch im ahnungsvollen Geist
Hör' ich schon des Gottes Schreiten,
Der sie jammervoll zerreißt.

Und sie schelten meine Klagen,
Und sie höhnen meinen Schmerz;
Einsam in die Wüste tragen
Muß ich mein-gequältes Herz,
Von den Glücklichen gemieden
Und den Fröhlichen ein Spott!
Schweres hast du mir beschieden,
Pythischer, du arger Gott!

Dein Orakel zu verkünden,
Warum warfest du mich hin
In die Stadt der ewig Blinden,
Mit dem aufgeschloßnen Sinn?

Warum gabst du mir zu sehen,
Was ich doch nicht wenden kann?
Das Verhängte muß geschehen,
Das Gefürchtete muß nahn.

Frommt's, den Schleier aufzuheben,
Wo das nahe Schrecknis droht?
Nur der Irrtum ist das Leben,
Und das Wissen ist der Tod.
Nimm, o nimm die traur'ge Klarheit
Mir vom Aug', den blut'gen Schein!
Schrecklich ist es, deiner Wahrheit
Sterbliches Gefäß zu sein.

Meine Blindheit gib mir wieder
Und den fröhlich dunklen Sinn!
Nimmer sang ich freud'ge Lieder,
Seit ich deine Stimme bin.
Zukunft hast du mir gegeben,
Doch du nahmst den Augenblick,
Nahmst der Stunde fröhlich Leben;
Nimm dein falsch Geschenk zurück!

Nimmer mit dem Schmuck der Bräute,
Kränzt' ich mir das duft'ge Haar,
Seit ich deinem Dienst mich weihte
An dem traurigen Altar.
Meine Jugend war nur Weinen,
Und ich kannte nur den Schmerz,
Jede herbe Not der Meinen
Schlug an mein empfindend Herz.

Fröhlich seh' ich die Gespielen;
Alles um mich lebt und liebt
In der Jugend Lustgefühlen,
Mir nur ist das Herz getrübt.
Mir erscheint der Lenz vergebens,
Der die Erde festlich schmückt;
Wer erfreute sich des Lebens,
Der in seine Tiefen blickt?

Selig preis' ich Polyxenen
In des Herzens trunknem Wahn,
Denn den Besten der Hellenen
Hofft sie bräutlich zu umfahn.
Stolz ist ihre Brust gehoben,
Ihre Wonne faßt sie kaum,
Nicht euch Himmlische dort oben,
Neidet sie in ihrem Traum.

Und auch ich hab' ihn gesehen,
Den das Herz verlangend wählt;
Seine schönen Blicke flehen,
Von der Liebe Glut beseelt.
Gerne möcht' ich mit dem Gatten
In die heim'sche Wohnung ziehn;
Doch es tritt ein styg'scher Schatten
Nächtlich zwischen mich und ihn.

Ihre bleichen Larven alle
Sendet mir Proserpina;
Wo ich wandre, wo ich walle,
Stehen mir die Geister da.

In der Jugend frohe Spiele
Drängen sie sich grausend ein,
Ein entsetzliches Gewühle!
Nimmer kann ich fröhlich sein.

Und den Mordstahl seh' ich blinken
Und das Mörderauge glühn;
Nicht zur Rechten, nicht zur Linken
Kann ich vor dem Schrecknis fliehn.
Nicht die Blicke darf ich wenden,
Wissend, schauend, unverwandt
Muß ich mein Geschick vollenden,
Fallend in dem fremden Land.«

Und noch hallen ihre Worte —
Horch, da dringt verworrner Ton
Fernher aus des Tempels Pforte,
Tot lag Thetis' großer Sohn!
Eris schüttelt ihre Schlangen,
Alle Götter fliehn davon,
Und des Donners Wolken hangen
Schwer herab auf Ilion.

Schiller

Vorgeschichte

Kennst du die Blassen im Heideland,
Mit blonden flächsenen Haaren?
Mit Augen so klar, wie an Weihers Rand
Die Blitze der Welle fahren?
Oh, sprich ein Gebet, inbrünstig, echt,
Für die Seher der Nacht, das gequälte Geschlecht.

So klar die Lüfte, am Äther rein
Träumt nicht die zarteste Flocke,
Der Vollmond lagert den blauen Schein
Auf des schlafenden Freiherrn Locke,
Hernieder bohrend in kalter Kraft
Die Vampirzunge, des Strahles Schaft.

Der Schläfer stöhnt, ein Traum voll Not,
Scheint seine Sinne zu quälen,
Es zuckt die Wimper, ein leises Rot
Will über die Wange sich stehlen;
Schau, wie er woget und rudert und fährt,
Wie einer, so gegen den Strom sich wehrt.

Nun zuckt er auf — ob ihm geträumt,
Nicht kann er sich dessen entsinnen —
Ihn fröstelt, fröstelt, ob's drinnen schäumt,
Wie Fluten zum Strudel rinnen;
Was ihn geängstet, er weiß es auch:
Es war des Mondes giftiger Hauch.

O Fluch der Heide, gleich Ahasver
Unterm Nachtgestirne zu kreisen!
Wenn seiner Strahlen züngelndes Meer
Aufbohret der Seele Schleusen,
Und der Prophet, ein verzweifelnd Wild,
Kämpft gegen das mählich steigende Bild.

Im Mantel schaudernd mißt das Parkett
Der Freiherr die Läng' und Breite,
Und wo am Boden ein Schimmer steht,
Weitaus er beuget zur Seite,
Er hat einen Willen und hat eine Kraft,
Die sollen nicht liegen in Blutes Haft.

Es will ihn krallen, es saugt ihn an,
Wo Glanz die Scheiben umgleitet,
Doch langsam weichend, Spann' um Spann',
Wie ein wunder Edelhirsch schreitet,
In immer engerem Kreise gehetzt,
Des Lagers Pfosten ergreift er zuletzt.

Da steht er keuchend, sinnt und sinnt,
Die müde Seele zu laben,
Denkt an sein liebes, einziges Kind,
Seinen zarten, schwächlichen Knaben,
Ob dessen Leben des Vaters Gebet
Wie eine zitternde Flamme steht.

Hat er des Kleinen Stammbaum doch
Gestellt an des Lagers Ende,
Nach dem Abendkusse und Segen noch
Drüber inbrünstig zu falten die Hände;

Im Monde flimmernd das Pergament
Zeigt Schild an Schilder, schier ohne End'.

Rechtsab des eigenen Blutes Gezweig,
Die alten freiherrlichen Wappen,
Drei Rosen im Silberfelde bleich,
Zwei Wölfe schildhaltende Knappen,
Wo Ros' an Rose sich breitet und blüht,
Wie überm Fürsten der Baldachin glüht.

Und links der milden Mutter Geschlecht,
Der frommen in Grabeszellen,
Wo Pfeil' an Pfeile, wie im Gefecht,
Durch blaue Lüfte sich schnellen.
Der Freiherr seufzt, die Stirn gesenkt,
Und — steht am Fenster, bevor er's denkt.

Gefangen! gefangen im kalten Strahl!
In dem Nebelnetze gefangen!
Und fest gedrückt an der Scheib' Oval,
Wie Tropfen am Glase hangen,
Verfallen sein klares Nixenaug'
Der Heidequal in des Mondes Hauch.

Welch ein Gewimmel! — er muß es sehn,
Ein Gemurmel! — er muß es hören,
Wie eine Säule so muß er stehn,
Kann sich nicht regen noch kehren.
Es summt im Hofe ein dunkler Hauf,
Und einzelne Laute dringen hinauf.

110

Hei! eine Fackel! sie tanzt umher,
Sich neigend, steigend in Bogen,
Und nickend, zündend, ein Flammenmeer
Hat den weiten Estrich umzogen.
All' schwarze Gestalten im Trauerflor,
Die Fackeln schwingen und halten empor.

Und alle gereihet am Mauerrand,
Der Freiherr kennet sie alle;
Der hat ihm so oft die Büchse gespannt,
Der pflegte die Ross' im Stalle,
Und der so lustig die Flasche leert,
Den hat er siebzehn Jahre genährt.

Nun auch der würdige Kastellan,
Die breite Pleureuse am Hute,
Den sieht er langsam, schlurfend nahn,
Wie eine gebrochene Rute;
Noch deckt das Pflaster die dürre Hand,
Versengt erst gestern an Herdes Brand.

Ha, nun das Roß! aus des Stalles Tür,
In schwarzem Behang und Flore;
O, ist's Achill, das getreue Tier?
Oder ist's seines Knaben Medore?
Er starret, starrt und sieht nun auch,
Wie es hinkt, vernagelt nach altem Brauch.

Entlang der Mauer das Musikchor,
In Krepp gehüllt die Posaunen,
Haucht prüfend leise Kadenzen hervor,
Wie träumende Winde raunen;
Dann alles still. O Angst! o Qual!
Es tritt der Sarg aus des Schlosses Portal.

Wie prahlen die Wappen, farbig grell
Am schwarzen Sammet der Decke!
Ha! Ros' an Rose, der Todesquell
Hat gespritzet blutige Flecke!
Der Freiherr klammert das Gitter an:
»Die andere Seite!« stöhnet er dann.

Da langsam wenden die Träger, blank
Mit dem Monde die Schilder kosen.
»Oh,« — seufzt der Freiherr, — »Gott sei Dank!
Kein Pfeil, kein Pfeil, nur Rosen!«
Dann hat er die Lampe still entfacht
Und schreibt sein Testament in der Nacht.

Droste-Hülshoff

De Pukerstock

He harr en Handstock mit en Reem, en Wittdorn ut de Heck,
In jede Dorn en Pukerslan un nerrn en mischen Peek.

Int Uhrgehüs' dar weer sin Stell bi Eek, un spansche Rohr ...
Denn meldt de Stock — denn mutt he los wit oever Heid un
            Moor.

Denn ward he bleek un likenblaß, sin Moder weent un bed,
Doch ob se bed un ob se weent, he hett keen bliben Sted.

He nimt den Stock ut Uhrgehüs' is witt un likenblaß,
He nimmt sin Hut un seggt keen Wort un wannert los in Hast.

Un ob he jüs sin Middag eet, un eet sin Abendbrot,
Un ob he sleep en Dodenslap: dat röppt em ut den Dod.

Denn steit he op bi düstre Nacht un grappelt inne Klock,
Un wannert fort in Snee un Storm, alleen, mit Hot und
            Stock.

Sin Moder liggt int Bett un weent, doch voer dat Morgenbeer
Is he torügg so likenbleek, as keem he ut de Eer.

Denn itt he ni, denn drinkt he ni, un liggt as dot un slöppt,
Un arbeit still de Weken lank, bet em dat wedder röppt.

Un wenn dat röppt, so mutt he fort, un hett ni Ruh' noch Rau,
Un kumt eerst jedesmal torügg jüs wit dat Morgengrau.

Wohin he geit — he seggt ni na, un seggt ni wat he sükt,
Doch markt he jeden Likentog, al ehr de Klocken lüd.

Se seggt, sobald de letzte Maan voer irgend Een begünnt,
So mutt he los op milenwit un söken bet he't finnt,

Un sehn int Fenster, sehn en Lik in Dodenhemd un Sark,
De nu noch mit sin Kinner lacht vellich gesund un stark.

He pickt an Finster: een! twe! dre! — kikt oever de Luken
                                           weg
Al menni Hart un Spinnrad stockt, de eem dar kiken seeg.

Al menni Hart versett den Slag, wenn an de Luken klopp
Wul een! twe! dre! un oeverhin keek as en Dodenkopp.

Denn is he weg! Doch seggt se noch, em kumt de Tag to möt,
Un he mutt oever Alle hin, hoch oever Köpp und Höd.

Hoch oever Kopp un Schullern weg un baben oevert Sark,
Denn mutt he stan un sehn se na bet an de neegste Kark.

Un hett keen Ruh' un hett keen Rau, bet nös de Klocken lüd,
Un he tum tweten mal den Tog in Flor und Mantel sükt.

Int Uhrgehüs'! dar stunn de Stock mank Eek un spansche Rohr
Un wenn he mell, so muß he fort, wit oever Heid und Moor.

114

He steek em in en depe Gröv, he smeet em in en Bek,
He keem tu Hus — do weer he doch int Uhrgehüs' in Eck.

He brok em twei, he hau em kleen in luter Grus un Mus,
Doch jümmer weer he wedder dar in Eck int Klockenhus,

He brenn em op, so weer he dar, wegsmeten — weer he da,
He leet em in en Weerthshus stan — do broch de Weerth
                                        em na. —

Do keem enmal en Mann int Hus, weer jüs op Wihnachts=
                                        abnd,
De keem un hal de Pukerstock — un is ni wedder kamn.

                                        Groth

Das Schwert

Herr Hans vom Bühle zu seinem Bruder sprach:
»Ich grüßte mit Freuden das Frührot diesen Tag.

Und als du lachend in meine Halle kamst
Und die grauverstaubte Harfe vom Nagel nahmst,
Sprach ich: Wach auf, mein Herz, das lange erstarrt,
Das schwer und hart in stillen Jahren ward;
Die Tage kehren zurück der Pagenzeit,
Steig auf wie ein Falke, mein Herz, du jagst zu zweit.
In Forst und in Feld, in Stall und Hof und Schloß,
Dein blonder Bruder ist wieder dein Weggenoss'.

Einen lachenden Sommermorgen lang
War froh mein Herz, so wie dein Jagdgesang.

Der Tag ging hin — die Dämmerung fliegt ums Haus,
In meiner Brust losch alle Freude aus.

Wirf fort die Harfe, vielliebster Bruder mein,
Deinen Braunen sattle und reit' in die Nacht hinein,
Reite so weit, als die blanken Sterne sind,
Reite so weit, daß ich dich nimmer find'.

Als ich dir heute grüßend entgegen ging,
Zuckte der Dolch, der mir im Gürtel hing.
Als deine Hand das Spinnweb vom Köcher bestäubt,
Hat sich der Pfeile weißes Gefieder gesträubt.

Und als du jetzt jangeſt an meiner Halle Herd,
Da hab' ich es dumpf über deinem Singen gehört:
Mein Schwert an der Wand, das gab wohl nimmer Ruh',
Ein Totenwurm, ſo pocht es immerzu. —

Wird nun zur Nacht verſtummen dein Singemund,
Dann höre ich nur das eine zur Mitternachtsſtund',
In der laſtenden Stille, vor der mein Herze bangt:
Wie der dürſtende Stahl nach deinem Blute verlangt! —

Vielliebſter Bruder, geh ſingend aus meinem Haus,
Und reite ſingend aus meinem Tor hinaus,
Daß noch der Lieder Klang im Ohr mir liegt,
Wenn endlich das Schwert ſich ſchaukelnd zur Ruhe gewiegt. «

Miegel

Frau Hilde

Frau Hilde saß in Thuras Hall,
  Bei ihr manch wackre Maid. —
Herr Egbert lag auf Fyriswall,
  Seine Wunde, die war weit.

»Nun sagt mir, meine Mägde klug,
  Was schlägt ans Fenster drauß?«
»Das ist im Sturm der Zickzackflug
  Der schwirrenden Fledermaus.«

»Das ist kein Flug der Fledermaus,
  Die nach den Kerzen schwirrt,
Das ist Herrn Egberts weißer Falk,
  Der gegen die Scheiben klirrt!«

»Nun sagt geschwind, meine Mägde gut,
  Was über die Brücke setzt?«
»Das ist der Wölfe heulende Brut,
  Die hungrig die Zähne wetzt.«

»Das ist nicht hungriger Wölfe Troß,
  Der der Herd in die Nase dampft,
Das ist Herrn Egberts weißes Roß,
  Das wiehernd den Schnee zerstampft!« —

»Nun sagt, um Gott, meine Mägde wert,
    Was klirrt in der Finsternis?«
»Das ist das rostige Hünenschwert,
    Das klirrend vom Nagel riß!«

»Das ist kein Schwert, das vom Nagel reißt,
    Du lügst es, falsche Magd,
Das ist Herrn Egberts klirrender Geist,
    Das sei dem Himmel geklagt!«

Frau Hilde fiel auf den harten Stein,
    In Stücke sprang das Schwert,
Der Falke stieß das Fenster ein,
    Zusammen sank das Pferd.

Zerstoben all der Mägde Zahl,
    Tief öde Hall und Haus,
Der Falke flog kreischend durch den Saal
    Und löschte die Kerzen aus.

                                    Strachwitz

119

Der 6. November 1632

(Schwedische Sage)

Schwedische Heide, Novembertag,
Der Nebel grau am Boden lag,
Hin über das Steinfeld von Dalarn
Holpert, stolpert ein Räderkarrn.

Ein Räderkarrn, beladen mit Korn;
Los Atterdag zieht an der Deichsel vorn,
Niels Rubbeck schiebt. Sie zwingen's nicht,
Das Gestrüpp wird dichter, Niels aber spricht:

»Buschginster wächst hier über den Steg,
Wir gehn in die Irr', wir missen den Weg,
Wir haben links und rechts vertauscht —
Hörst du wie der Dal=Elf rauscht?«

»Das ist nicht der Dal=Elf, der Dal=Elf ist weit,
Es rauscht nicht vor und nicht zur Seit',
Es lärmt in Lüften, es klingt wie Trab,
Wie Reiter wogt es auf und ab.

Es ist wie Schlacht, die herwärts bringt,
Wie Kirchenlied es dazwischen klingt,
Ich hör' in der Rosse wiehernbem Trott:
Eine feste Burg ist unser Gott!«

Und kaum gesprochen, da Lärmen und Schrein,
In tiefen Geschwadern bricht es herein,
Es brausen und dröhnen Luft und Erd',
Vorauf ein Reiter auf weißem Pferd.

Signale, Schüsse, Roßgestampf,
Der Nebel, wird schwarz wie Pulverdampf,
Wie wilde Jagd so fliegt es vorbei; —
Zitternd ducken sich die Zwei.

Nun ist es vorüber ... da wieder mit Macht
Rückwärts wogt die Reiterschlacht,
Und wieder dröhnt und donnert die Erd';
Und wieder vorauf das weiße Pferd.

Wie ein Lichtstreif durch den Nebel es blitzt,
Kein Reiter mehr im Sattel sitzt,
Das fliehende Tier es dampft und raucht,
Sein Weiß ist tief in Rot getaucht.

Der Sattel blutig, blutig die Mähn',
Ganz Schweden hat das Roß gesehn; —
Auf dem Felde von Lützen am selben Tag,
Gustav Adolf in seinem Blute lag.

Fontane

121

Der schwarze Prinz

Schwarzer Prinz und König Hans
Maßen sich im raschen Waffentanz,
Bis der Prinz den König überwand
   Mit der erzgeschienten Hand.

Ins Gezelt nahm er den Raub,
Wusch die Wunden rein von Blut und Staub,
Bog das Knie und bot den Labetrunk
   Ihm, der tief im Gram versank.

Frankreichs armer König träumt
Also schwer, daß er den Wein versäumt,
Ihn ermahnt der Prinz, wie er's vermag:
   »Herr, es ist des Schicksals Tag!

Manchen hattet Ihr gestreckt,
Da Ihr sanket, Herr, mich hat's erschreckt,
Doch man lebt, und blieb nur Ehre heil,
   Duldet man sein menschlich Teil!

Morgen als des Friedens Pfand,
Send' ich Euch nach meinem Engelland.
Zeit ist mächtig! Jede Fessel fällt!
   Nur die Erde schließt und hält.«

König Hans, aus seinem Traum
Blickt er auf und sieht des Zeltes Raum,
Und in geisterbleichem Angesicht
    Zweier schwarzer Augen Licht.

Er beschaut das edle Haupt,
Das ein unsichtbarer Kranz umlaubt,
Ärgert sich und murmelt: »Worte sind's,
    Deine Augen spotten, Prinz!

Heuchle! Streichle meinen Schmerz!
Leis im Panzer jubelt dir das Herz.
Horch! Es triumphiert!« Der Sieger spricht:
    »König, nein es jubelt nicht.

Ich bin eine kurze Kraft,
Heut geharnischt, morgen weggerafft!
Frühe Stunde los' ich wie Achill,
    Meinem Lose halt' ich still.«

                                        Meyer

123

Goethes Ankunft in Straßburg

Goethe, von Frankfurt kommend, fuhr über den Rhein.
Grüßende Blicke ließ er wie Vögel voraus um das steil-
                schlanke Münster wehn,
Neue Stadt, neue Zeit! Himmel voll Glück und Geschehn!
Holpernd schwankte die Post in die schmalhohen Gassen von
                Straßburg ein.

Die Kutsche hält: »Der Herr steigt aus«,
Der Wirt dienert den Gast ans Haus.
Der sieht, an die Wand gemalt,
Von der Torfahrtleuchte halb angestrahlt,
Einen Mann, von dreifältigem Licht übergleißt;
Er liest: »Gasthof zum Geist«.

»Zum Geist!« Die Stufen hinan im Lauf!
In den Alkoven schleudert er Dreispitz und Stock,
Das Spruchbuch der Mutter rasch aus dem Rock,
Schicksalbefragend wirft er es auf —
Was weist das Wort? — den Finger draufgepreßt —
Wie wird die fremde Kammer mit eins von Zukunft licht! —
Die Augen trinken:
»Mache den Raum deiner Hütten weit, spare sein nicht!
Dehn' deine Seile lang, stecke deine Nägel fest,
Denn du wirst ausbrechen zur Rechten und zur Linken!«

Lissauer

Seher und Gesichte

Erscheinung

Die zwölfte Stunde war beim Klang der Becher
   Und wüstem Treiben schon herangewacht,
   Als ich hinaus mich stahl, ein müder Zecher.
Und um mich lag die kalte, finstre Nacht;
   Ich hörte durch die Stille widerhallen
   Den eignen Tritt und fernen Ruf der Wacht.
Wie aus den klangreich festerhellten Hallen
   In Einsamkeit sich meine Schritte wandten,
   Ward ich von seltsam trübem Mut befallen.
Und meinem Hause nah, dem wohlbekannten,
   Gewahrt' ich, und ich stand versteinert fast,
   Daß hinter meinen Fenstern Lichter brannten.
Ich prüfte zweifelnd eine lange Rast
   Und fragte: Macht es nur in mir der Wein?
   Wie käm' zu dieser Stunde mir ein Gast?
Ich trat hinzu und konnte bei dem Schein
   Im wohlverschloss'nen Schloß den Schlüssel drehen
   Und öffnete die Tür und trat hinein.
Und wie die Blicke nach dem Lichte spähen,
   Da ward mir ein Gesicht gar schreckenreich —
   Ich sah mich selbst an meinem Pulte stehen.
Ich rief: »Wer bist du, Spuk?« — Er rief zugleich:
   »Wer stört mich auf in später Geisterstunde?«
   Und sah mich an und ward, wie ich, auch bleich.
Und unermeßlich wollte die Sekunde
   Sich dehnen, da wir starrend wechselseitig
   Uns ansahn, sprachberaubt mit offnem Munde.

Und aus beklomm'ner Brust zuerst befreit' ich
  Das schnelle Wort: »Du grause Truggestalt,
  Entweiche, mache mir den Platz nicht streitig!«
Und er, als einer, über den Gewalt
  Die Furcht nur hat, erzwingend sich ein leises
  Und scheues Lächeln, sprach erwidernd: »Halt!
Ich bin's, du willst es sein; — um dieses Kreises,
  Des wahnsinndrohenden, Quadratur zu finden:
  Bist du der Rechte, wie du sagst, beweis' es;
Ins Wesenlose will ich dann verschwinden.
  Du Spuk, wie du es nennst, gehst du das ein,
  Und willst auch du zu gleichem dich verbinden?«
Drauf ich entrüstet: »Ja, so soll es sein!
  Es soll mein echtes Ich sich offenbaren,
  Zu Nichts zerfließen dessen leerer Schein!«
Und er: »So laß uns, wer du seist, erfahren!«
  Und ich: »Ein solcher bin ich, der getrachtet
  Nur einzig nach dem Schönen, Guten, Wahren;
Der Opfer nie dem Götzendienst geschlachtet
  Und nie gefrönt dem weltlich eitlen Brauch,
  Verkannt, verhöhnt, der Schmerzen nie geachtet;
Der irrend zwar und träumend oft den Rauch
  Für Flamme hielt, doch mutig beim Erwachen
  Das Rechte nur verfocht: — bist du das auch?«
Und er mit wildem, kreischend lautem Lachen:
  »Der du dich rühmst zu sein, der bin ich nicht.
  Gar anders ist's bestellt um meine Sachen.
Ich bin ein feiger, lügenhafter Wicht,
  Ein Heuchler mir und andern, tief im Herzen
  Nur Eigennutz und Trug im Angesicht.

Verkannter Edler du mit deinen Schmerzen,
   Wer kennt sich nun? Wer gab das rechte Zeichen?
   Wer soll, ich oder du, sein Selbst verscherzen?
Tritt her, so du es wagst, ich will dir weichen!«
   Drauf mit Entsetzen ich zu seinem Graus:
   »Du bist es, bleib, und laß hinweg mich schleichen!« —
Und schlich, zu weinen, in die Nacht hinaus.

Chamisso

Das Fräulein von Rodenschild

Sind denn so schwül die Nächt' im April?
Oder ist so siedend jungfräulich Blut?
Sie schließt die Wimper, sie liegt so still
Und horcht des Herzens pochender Flut.
»Oh, will es denn nimmer und nimmer tagen!
Oh, will denn nicht endlich die Stunde schlagen!
Ich wache, und selbst der Zeiger ruht!

Doch horch! es summt, eins, zwei und drei —
Noch immer fort? — sechs, sieben und acht,
Elf, zwölf — o Himmel, war das ein Schrei?
Doch nein, Gesang steigt über der Wacht,
Nun wird mir's klar, mit frommem Munde
Begrüßt das Hausgesinde die Stunde,
Anbrach die hochheilige Osternacht.

Seitab das Fräulein die Kissen stößt
Und wie eine Hinde vom Lager setzt,
Sie hat des Mieders Schleifen gelöst,
Ins Häubchen drängt sie die Locken jetzt,
Dann leise das Fenster öffnend, leise,
Horcht sie der mählich schwellenden Weise,
Vom wimmernden Schrei der Eule durchsetzt.

O dunkel die Nacht! und schaurig der Wind!
Die Fahnen wirbeln am knarrenden Tor —

Da tritt aus der Halle das Hausgesind'
Mit Blendlaternen und einzeln vor.
Der Pförtner dehnet sich, halb schon träumend,
Am Dochte zupfet der Jäger säumend,
Und wie ein Oger gähnet der Mohr.

Was ist? — Wie das auseinanderschnellt!
In Reihen ordnen die Männer sich,
Und eine Wacht vor die Dirnen stellt
Die graue Zofe sich ehrbarlich,
»Ward ich gesehn an des Vorhangs Lücke?
Doch nein, zum Balkone starren die Blicke,
Nun langsam wenden die Häupter sich.

O weh, meine Augen! Bin ich verrückt?
Was gleitet entlang das Treppengeländ'?
Hab' ich nicht so aus dem Spiegel geblickt?
Das sind meine Glieder — welch ein Geblend'!
Nun hebt es die Hände, wie Zwirnes Flocken,
Das ist mein Strich über Stirn und Locken! —
Weh, ich bin toll, oder nahet mein End'!«

Das Fräulein erbleicht und wieder erglüht,
Das Fräulein wendet die Blicke nicht,
Und leise rührend die Stufen zieht
Am Steingeländе das Nebelgesicht,
In seiner Rechten trägt es die Lampe,
Ihr Flämmchen zittert über der Rampe,
Verdämmernd, blau, wie ein Elfenlicht.

Nun schwebt es unter dem Sternendom,
Nachtwandlern gleich in Traumes Geleit,
Nun durch die Reihe zieht das Phantom,
Und jeder tritt einen Schritt zur Seit'. —
Nun lautlos gleitet's über die Schwelle —
Nun wieder drinnen erscheint die Helle,
Hinauf sich windend die Stiege breit.

Das Fräulein hört das Gemurmel nicht,
Sieht nicht die Blicke, stier und verscheucht,
Fest folgt ihr Auge dem bläulichen Licht,
Wie dunstig über die Scheiben es streicht.
— Nun ist's im Saale, nun im Archive —
Nun steht es still an der Nische Tiefe —
Nun matter, matter — ha! es erbleicht!

»Du sollst mir stehen! Ich will dich fahn!«
Und wie ein Aal die beherzte Maid
Durch Nacht und Krümmen schlüpft ihre Bahn,
Hier droht ein Stoß, dort häkelt das Kleid,
Leis tritt sie, leise, oh! Geistersinne
Sind scharf! daß nicht das Gesicht entrinne!
Ja, mutig ist sie, bei meinem Eid!

Ein dunkler Rahmen, Archives Tor,
— Ha, Schloß und Riegel! — sie steht gebannt,
Sacht, sacht das Auge und dann das Ohr
Drückt zögernd sie an der Spalte Rand,
Tiefdunkel drinnen — doch einem Rauschen
Der Pergamente glaubt sie zu lauschen
Und einem Streichen entlang der Wand.

So niederkämpfend des Herzens Schlag,
Hält sie den Odem, sie lauscht, sie neigt —
Was dämmert ihr zur Seite gemach?
Ein Glühwurmleuchten — es schwillt, es steigt,
Und Arm an Arme, auf Schrittes Weite,
Lehnt das Gespenst an der Pforte Breite,
Gleich ihr zur Nachbarspalte gebeugt.

Sie fährt zurück — das Gebilde auch —
Dann tritt sie näher — so die Gestalt —
Nun stehen die beiden, Auge in Aug',
Und bohren sich an mit Vampirs Gewalt.
Das gleiche Häubchen decket die Locken,
Das gleiche Linnen wie Schnees Flocken,
Gleich ordnungslos um die Glieder wallt.

Langsam das Fräulein die Rechte streckt,
Und langsam, wie aus der Spiegelwand,
Sich Linie um Linie entgegenreckt,
Mit gleichem Rubine die gleiche Hand;
Nun rührt sich's — die Lebendige spüret,
Als ob ein Luftzug schneidend sie rühret,
Der Schemen dämmert — zerrinnt — entschwand.

Und wo im Saale der Reihen fliegt,
Da siehst ein Mädchen du, schön und wild,
— Vor Jahren hat's eine Weile gesiecht —
Das stets in den Handschuh die Rechte hüllt.
Man sagt, kalt sei sie wie Eises Flimmer,
Doch lustig die Maid, sie hieß ja immer:
»Das tolle Fräulein von Rodenschild.«   Droste-Hülshoff

133

Die Mär vom Ritter Manuel

Das ist die Mär vom Ritter Manuel,
Der auf des fremden Magiers Geheiß
Sein Haupt in eine Zauberschale bog,
Und als er's wieder aus dem Wasser zog,
Da seufzte er und sprach: »Mein Haar ist weiß,
Gebrochen meine Kraft. Oh, allzu lange
Qualvolle Wanderschaft!« Die Höflingsschar,
Die ringsum stand, rief: »Dunkel ist dein Haar,
Frage den König.«

                Staunend sprach und bange
Da der Verzauberte: »O Herr, die Zeit
Ist hold und spurlos dir vorbeigeglitten!
Als ich vor zwanzig Jahren fortgeritten,
Warst du wie heut. An dem gestickten Kleid
Trugst du den Gürtel mit den Pantherschließen
Und an der Hand den gleichen Amethyst.«
»Erzähle,« sprach der Fürst und sprach's voll List,
»Was dir begegnet, seit wir uns verließen!«
Der Arme sann, und seine Augen waren
Wie Kinderaugen, noch vom Traum befangen.
»König, ich bin so weit von euch gegangen,
So vieles sah ich! Und in späten Jahren,
An dunklen Wintertagen und in schwülen
Hochsommernächten will ich dir erzählen
Von allem. Und vor deinen stillen Sälen
Soll meines bunten Lebens Brandung spülen.

Nur jetzt noch laß mich schweigen.
                    Denn ein Gram
Durchrüttelt mich, den nie ein Mensch gekannt.
Sieh, ich verließ mein Weib in jenem Land,
Und weiß es nicht mehr, welchen Weg ich kam,
Und weiß den Namen jenes Landes nicht,
Wo sie im Fenster kauernd, kinderschmal,
Aus dem Kastell hinausspäht in das Tal,
Bis jäh die Felsen glühn im Abendlicht
Und jäh erbleichen. Durch das samtne Dunkel
Der Nacht strahlt freundlich einer Ampel Schein,
Um Führer meiner Wanderschaft zu sein,
Und purpurn glänzt, wie ein Rubingefunkel,
In ihrem Licht des Bergstroms dunkle Flut.
Sein Name nur? Sehr seltsam klang er, wie
Der Felsen Name, uralt auch wie sie.
Und jene Frau, die mir im Arm geruht —
Weh, meine Liebe kann sie nicht mehr rufen,
Der süße Laut entglitt mir, wie im Tann
Dem Schlafenden entglitt der Talisman,
Den sie mir umhing auf des Schlosses Stufen!«...

Dann schrie er auf und hielt des Königs Knie
Wie ein um Hilfe Flehender umklammert.
Der sprach — und er ward bleich und ernst —: »Mich jammert
Der Qual des armen Narren, der zu mir schrie.
Magier, tritt vor! Zerbrich des Zaubers Bann!«
Der König wartete. Die Diener liefen
In allen Gängen hin und her und riefen,
Die Ritter sahn sich groß verwundert an.

135

Denn keiner fand den Magier. Ein'ge schwuren,
Sie hätten an dem Springbrunn ihn gesehn
Murmelnd die goldne Zauberschale drehn —
Doch in dem Sande sah man keine Spuren.

Und wie die Stürme auf dem hohen Meer
Das längst verlass'ne Wrack des Seglers jagen,
So trieb durch Jahre voller Sorg und Fragen
Erinn'rungsqual den Grübelnden umher,
Bis ihn beim Jagen einst ein fremd Geschoß,
Vielleicht aus Mitleid, in die Schläfe traf.
Still wie ein Kind sank er ins Moos zum Schlaf
Und stammelte, eh er die Augen schloß:
»Tamara!« Und er starb.
                    Die Zeit verrann.
Doch einmal abends klang im Hof Geklirr
Von vielen Waffen, und ein bunt Geschwirr
Landfremder Sprachen. Und ein brauner Mann,
Sehr alt und fürstlich, dessen welke Hand
Auf seidnem Kissen trug der Herrschaft Zeichen,
Trat vor den König wie vor seinesgleichen
Und rief: »Wo ist, nach dem wir ausgesandt,
Mein König Manuel, Tamaras Gatte,
Den sie in ihrem Felsenschloß beweint?
Westwärts ging ich, soweit die Sonne scheint,
Bis ich zu deinem Reich gefunden hatte.«
»Hier,« sprach der sternenkund'ge Magier, »werde
Ich meinen Herren finden. — Weise mich,
Daß ich ihn krönen kann!«

Da neigte sich
Der König still, griff eine Handvoll Erde
Aus einer Schale, drin die Rosen blühten,
Und wies sie stumm dem Suchenden.
                    Der stand
Ganz lange still. Dann schlug er sein Gewand
Weit um den Kronreif, dessen Steine sprühten,
So schritt er aus dem Saal.
                    Ein Klaggesang
Kam langgezogen, trostlos durch die Nacht.
Dann ein Geklirr und Hufgetrappel, sacht
Und langsam — bis auch das im Sturm verklang.

In jener Nacht, bei seiner Kerzen Qualmen
Saß lang der König auf. Sein Page schlief
Und schrak empor, denn eine Stimme rief:
»Sieh, keine Antwort find' ich in den Psalmen!
Erbarmer aller Welt, sprich: Was ist Schein?«...
Und lange vor dem Kruzifixe stand
Der König starr mit ausgereckter Hand. —
So sagt der Page. Doch er ist noch klein,
Furchtsam und hat den Kopf voll Märchenflausen

                                        Miegel

Das Flämmchen

Der Vater sitzt am Pfühl des einz'gen Kindes,
In dessen Leibe Fiebergluten lodern.
Er zählt die abgehetzten, irren Pulse.
Dann blickt er seufzend durch das offne Fenster.
Wehmütig lauscht der Mond im stillen Garten.
Ein schlanker, blasser Knabe lehnt am Stamm
Der blüh'nden Linde nahe bei dem Springbrunn.
Und bläst mit spitzen Lippen nach der Flamme,
Die, wagrecht streichend und vom Dochte fliehend,
Unrettbar zu erlöschen droht. Jetzt hemmt
Er seinen Hauch, und wieder steigt die Flamme.
Dann fängt er fühllos abermals sein Spiel an.
Der Springbrunn plätschert ängstig, und es schluchzt
Vom tauigen Blütenzweig die Nachtigall.

Frey

Die zierliche Geige

Ein klapperdürrer Fiedelmann
Stand unter einem Baume
Und setzte seine Geige an
Und geigte wie im Traume,
Und sang ein leises Zwitscherlied,
Das rührte an die Äste,
Und als der letzte Ton verschied,
Da starb ein Spatz im Neste.

Der klapperdürre Fiedelmann
Stand unter trocknem Kranze
Und setzte seine Geige an
Und geigte flott zum Tanze,
Und geigte flott zum Erntebier,
Wo Rock und Schürze fliegen,
Ein letzter Triller, zart und zier,
Da muß die Großmagd liegen.

Und wieder stand der Fiedelmann
Stocksteif vorm Pastorate
Und setzte seine Geige an
Zur geistlichen Sonate.
Ein rührend Religioso sang
Von allen Himmelsschauern,
Ein schluchzender Morendogang —
Wer predigt nun den Bauern?

Dann stand der fleißige Fiedelmann
Wohl auf der Herrendiele
Und setzte seine Geige an
Zu raschem, scharfem Spiele.
Das klang halb wie ein Trinklied froh,
Halb wie ein Sturm auf Schanzen,
Ein kurzes, feckes Tremolo,
Da mußt' der Schloßherr tanzen.

Und neulich stand der Fiedelmann
Auch vor des Schulzen Kammer
Und setzte seine Geige an
Und sang wie eine Ammer,
Und sang und sang den ganzen Tag
Und sang vor tauben Ohren,
An dem, der da im Fieber lag,
Schien jede Kunst verloren.

Da trat er dicht ans Bettgestell,
Hub wütend an zu kratzen,
Doch statt des Kranken Trommelfell
Mußt ihm die Quinte platzen.
Erbost schlug er sein Saitenspiel
Aufs Haupt dem zähen Recken,
Die Geige in zwei Stücke fiel,
Der Schulze starb vor Schrecken.

Der klapperdürre Fiedelmann
Da hockt er nun am Rande
Und leimt sein Zeug, so gut er kann,
Flickt Saiten, Steg und Bande

Und brummt, das hat man nun davon,
Dem spielt' ich zu manierlich,
Jetzt lern' ich Baß und Bombardon,
Die Geige ist zu zierlich.

                                        Falke

Legende

Vom Dreißigjährigen Kriege berannt,
Das Deutsche Reich lag leergebrannt.

Verkohlte Mühlen, Schutt und Stein,
Dazwischen bleichendes Pferdegebein.

Rauch, Kirchenschatzung, Heeresstaub,
An jedem Hohlweg Mord und Raub.

Das Brachland wüst und unbestellt —
Zwei Wandrer schritten, stumm gesellt.

Gelb stob wie Flammensaum ihr Haar;
Sankt Gabriel der eine war.

Sankt Michael der andre hieß,
Sein Hüftschwert kurzes Glänzen stieß.

Der erste sprach: Herr, röte.
Der zweite sprach: Herr, töte.

Töte den Werwolf, den Zwietrachtsgeist,
Der Deutschland in blutige Stücke reißt.

Röte die Wangen vor Grimm und Scham,
Daß in Deutschland abhanden die Treue kam.

Da hob sich am Weg in zerschossenem Wams,
Ein sterbender Landsknecht schwäbischen Stamms;

Der rief: Ihr Herren sprecht törlich drein,
Mit euch wird nicht zu rechten sein.

Viel lieber in Deutschland Schmach und Not,
Als in der Fremde weißes Brot.

Ich müßte zehnmal zugrunde gehn
Und würde zehnmal auferstehn.

Ich riefe von frischem alsogleich:
Gott segne, Gott schütze das Deutsche Reich.

Schönaich-Carolath

Die heiligen drei Könige des Elends

Über einem Häusel, ganz weiß beschneet,
Golden ein flimmernder Funkelstern steht.

Weiß alle Wege, die Bäume alle weiß,
Milde des goldenen Sternes Gegleiß.

Gelb aus dem Fenster ein Lichtschein schräg
Über das Gärtchen, über den Weg.

Sieh, da über den Feldweg quer
Stakt ein steingrauer Alter her;

Ganz in Lumpen und Flicken getan,
Und hält vor dem Hause an.

Haucht in die Hände und sieht sich um,
Blickt zum Sterne und wartet stumm.

Kommt von der anderen Seite an
Wieder ein alter zerlumpter Mann.

Geben sich beide stumm die Hand,
Starren zum Sterne unverwandt.

Kommt ein dritter und grüßt die zwei,
Raunen und tuscheln und deuten die drei.

Blicken zum Sterne, blicken zur Tür;
Tritt ein bärtiger Mann herfür:

»Kamt in Mühen und Sehnen weit;
Geht nach Hause! Es ist nicht die Zeit . . .«

Senken die Köpfe die drei und gehn
Müde fort. Es hebt sich ein Weh'n,

Hebt sich ein Stürmen, Wirbeln, Gebraus,
Und der goldene Stern löscht aus.

Bierbaum

Der alte Sänger

Sang der sonderbare Greise
Auf den Märkten, Straßen, Gassen
Gellend, zürnend seine Weise:
    »Bin, der in die Wüste schreit.
Langsam, langsam und gelassen!
Nichts unzeitig! nichts gewaltsam!
Unablässig, unaufhaltsam,
    Allgewaltig naht die Zeit.

Torenwerk, ihr wilden Knaben,
An dem Baum der Zeit zu rütteln,
Seine Last ihm abzustreifen,
    Wann er erst mit Blüten prangt!
Laßt ihn seine Früchte reifen
Und den Wind die Äste schütteln!
Selber bringt er euch die Gaben,
    Die ihr ungestüm verlangt.«

Und die aufgeregte Menge
Zischt und schmäht den alten Sänger:
»Lohnt ihm seine Schmachgesänge!
    Tragt ihm seine Lieder nach!
Dulden wir den Knecht noch länger?
Werfet, werfet ihn mit Steinen!
Ausgestoßen von den Reinen,
    Treff' ihn allerorten Schmach!«

Sang der sonderbare Greise
In den königlichen Hallen
Gellend, zürnend seine Weise:
          »Bin, der in die Wüste schreit.
Vorwärts! vorwärts! nimmer lässig!
Nimmer zaghaft! kühn vor allen!
Unaufhaltsam, unablässig,
          Allgewaltig drängt die Zeit.

Mit dem Strom und vor dem Winde!
Mache dir, dich stark zu zeigen,
Strom= und Windeskraft zu eigen!
          Wider beide gähnt dein Grab.
Steure kühn in grader Richtung!
Klippen dort? Die Furt nur finde!
Umzulenken heischt Vernichtung;
          Treibst als Wrack du doch hinab.«

Einen sah man dort erschrocken
Bald erröten, bald erblassen:
»Wer hat ihn hereingelassen,
          Dessen Stimme zu uns drang?
Wahnsinn spricht aus diesem Alten;
Soll er uns das Volk verlocken?
Sorgt, den Toren festzuhalten,
          Laßt verstummen den Gesang.«

Sang der sonderbare Greise
Immer noch im finstern Turme
Ruhig, heiter seine Weise:

»Bin, der in die Wüste schreit.
Schreien mußt' ich es dem Sturme;
Der Propheten Lohn erhalt' ich!
Unabläſſig, allgewaltig,
   Unaufhaltſam naht die Zeit.«

Chamiſſo

Vorzeit und Altertum

Die Sohn-Klage

Als, von dem Dampfe des Geysirs schwer,
Wolken die Lava-Wüsten verhingen,
Schwebten darüber von Norden her
Schweigende Schwäne auf schwimmenden Schwingen,
Und als der schwarze in flatternder Hast
Stürzte vorm Hause, aufgellenden Tones, —
Wußte der Alte im Holzpalast,
Egil der Skalde, den Tod seines Sohnes.

»Als du vom Eisland nach Norge gefahren,
Schlug ich im Arm mir die Wunde zutiefst,
Über der Locken von deinen Haaren
Schloß sich die Narbe, darinnen du schliefst, —
Narbe im Greisen-Arm zuckt, und die Tropfen
Blutes aufperlen gespenstig daran,
Schwerter der Holzwand schaukeln und klopfen,
Niedertaumelt der tote Schwan, —

Zaubrische Zeichen, ich deute euch wohl,
Alte Götter, ihr sprecht zu dem Sänger!
Herbst über Island, wie klagst du so hohl,
Nacht über Hekla, nie kamst du mir bänger!
Ach, ich habe den Knaben gelehrt:
Nahe zu freunden und ferne zu heeren, —
Nun ist mein Einziger, Liebster verscherrt
Unter des Holmgangs geheiligten Lehren!

Weh, daß ich nicht bei dir Sterbendem weilte!
Soviel Wunden mein Schwert=Arm schlug, —
Viel mehr Wunden die Harfenhand heilte,
Wenn sie die Rune des Gottes trug.
Ahn war ich gestern von tausend Geschlechtern,
Heute bin ich ein fruchtloser Baum,
Nur in den namen=verspielenden Töchtern
Träum' ich noch kurzen verwehenden Traum!

Tage tilgte des Todes Hand,
Die mir teurer als eigene Tage, —
Ach, aus dem fernen umfjordeten Land
Wird mir kommen nur noch eine Sage, —
Wie das Jahr in der Jul=Nacht Strahle,
Wie der Tag in des Abends Glut
Will ich verdämmern, — vom eigenen Stahle
Soll mir vertropfen das freudlose Blut!«

Egil der Alte im öden Haus
Rief zusammen zum Abschied die Mannen,
Löschte die Fackeln der Wände aus,
Doch als die Leuchten vom Herd sie umspannen,
Eintrat die Tochter und sprach in Ruh:
»Wenn wir zur Halle der Hel heut gingen, —
Niemand ist harfengewaltig wie du,
Meinem Bruder die Klage zu singen!«

Nahm der Meister die Harfe zu Handen,
Blieb allein an der flackernden Glut,
Wissende Hände zerlösten und banden
Klagender Klänge zerfließende Flut,

Hoben empor sie zu wallenden Wogen,
Senkten sie weinend wie Regen aufs Grab,
An den erschauernden Saiten zogen
Töne und Tränen sich zögernd hinab.

Sieh, da versuchte der zuckende Mund
Ungewiß=zagende Worte zu finden,
Tief aus der Seele verworrenem Grund
Faßte er sie, wie mit Händen des Blinden,
Band sie, wie Blumen an weidenen Bügel,
An seiner Stäbe gefällige Fron,
Und um den fernen verlassenen Hügel
Flocht er die Kränze dem einzigen Sohn.

Lauter und klingender klangen die schwingenden
Saiten, und klarer durchsprach sie sein Wort,
Immer gelingender legten die singenden
Lippen den Sinn in den leeren Akkord,
Immer gewaltiger, immer geschmeidiger
Stieg das Lied in der Menschheit Geschick,
Tausendgestaltiger Tode Verteidiger
Hob sich der Meister mit leuchtendem Blick. —

Als die Tochter mit Morgen=Willkomm
Trat in die Halle und mit ihr die Knechte,
An der Schläfe des Greisen glomm
Blühendes Leben im Adergeflechte,
Feierlich=heiter empfing er sie gleich.
Raschen Schritts, und die Tochter voll Sehnen,
War seine Wange vom Wachen auch bleich,
War sie doch straff von bezwungenen Tränen.

»Sinnlos vom Zufall zu Boden geschlagen
Fiel mir zu Füßen der sterbende Schwan,
Ach, und ich hätte fast selber im Klagen
Sinnlosem Zufall Genüge getan,
Aber mich trug aus dem einzelnen Leide
Auf ins gemeinsame Leid mein Gesang, —
Tod oder Leben, — ein andrer entscheide,
Mein ist der Tag, und ich füll' ihn mit Klang!«

Münchhausen

Die drei Lieder

In der hohen Hall' saß König Sifrid:
Ihr Harfner, wer weiß mir das schönste Lied?
Und ein Jüngling trat aus der Schar behende,
Die Harf in der Hand, das Schwert an der Lende:

Drei Lieder weiß ich; den ersten Sang,
Den hast du ja wohl vergessen schon lang:
»Meinen Bruder hast du meuchlings erstochen!«
Und aber: »Hast ihn meuchlings erstochen!«

Das andre Lied, das hab' ich erdacht
In einer finstern, stürmischen Nacht:
»Mußt mit mir fechten auf Leben und Sterben!«
Und aber: »Mußt fechten auf Leben und Sterben!«

Da lehnt er die Harfe wohl an den Tisch,
Und sie zogen beide die Schwerter frisch
Und fochten lange mit wildem Schalle,
Bis der König sank in der hohen Halle.

Nun sing ich das dritte, das schönste Lied,
Das werd' ich nimmer zu singen müd:
»König Sifrid liegt in seinem roten Blute!«
Und aber: »Liegt in seinem roten Blute!«

Uhland

Pentheus

Sie schreitet in bacchisch bevölkertem Raum,
Mit wehenden Haaren ein glühender Traum,
    Von Faunen umhüpft,
Um die Hüfte den Gürtel der Natter geknüpft.

Melodisch gewiegt und von Eppich umlaubt,
Ein flüsterndes, rücklings geworfenes Haupt —
    »Ich opfre mich dir.
Verzehre, Lyäus, was menschlich in mir!«

»Agave!« ruft's, und der bacchische Schwarm
Zerstiebt, und der Vater ergreift sie am Arm,
    »Weg, trunken Gesind!
Erwach' und erröte, verlorenes Kind!

Du dienst einem Gaukler.« Im Schutz des Gewands
Verhüllt er den Busen, entreißt ihr den Kranz —
    Wild hebt sie den Stab.
Sie schlug! Aufstöhnt, der das Leben ihr gab.

»Ich glaube den Gott! Ich empfinde die Macht!
Ich strafe den Frevler, der Götter verlacht!
    Wer bist du, Gesicht?
Ich bin die Bacchantin! Ich kenne dich nicht!«

Er betrachtet sein Kind. Er erstaunt. Er erblaßt.
Er entspringt von entsetzlichem Grauen erfaßt,
      Er flieht im Gefild,
Ein rennender Läufer, ein hastendes Wild.

»Herbei alle Schwestern! Mänaden, herbei!«
Erhebt sie den Weidruf, das helle Geschrei.
      »Zur Jagd! Zur Jagd!«
»Wir folgen dir, blonde, begeisterte Magd!«

Sie jagen den König, Agave vorauf,
Er stürzt in den Strom und erneuert den Lauf
      Am andern Gestad,
Aufspritzen die Wasser, sie springen ins Bad.

Er wirbelt mit bebenden Füßen den Staub,
Es dämmert — die Bacchen verfolgen den Raub —
      Es dämmert empor
Ein Fels ohne Pfad, eine Wand ohne Tor.

Er steht und er starrt an die grausige Wand,
Da trifft ihn der Thyrsus in rasender Hand —
      Nacht schwebt heran
Und erschrickt und verhüllt, was Agave getan.

                                              Meyer

Pausanias und Kleonice

Kalt war die Nacht, Schneeregen fiel,
Er saß am Kolcherstrande,
Da kamen zu ihm die Männer vom Nil,
Thebäer im dunklen Gewande;
Sie warfen in rauchende Pfannen das Kraut
Vom Lorbeer zu Schlangen= und Drachenhaut.

Der Rauch stieg mit dem Meeresdunst
Vermischt zum Mond hinüber,
Der wie durch eine Feuersbrunst
Herabsah trüb und trüber,
Abstreiften die Priester ihr farbig Gewand,
Entblößt im Rauch der Feldherr stand.

Er sprach: »Die ihr den Tod beschwört,
Beschwört mir den Schemen des Leibes,
Den heiß ich geliebt, und den ich zerstört,
O lasset noch einmal des Weibes
Versöhnende Stimme mich hören, und dann
Verschließet die Erde, vollendet den Bann!«

Pausanias sprach's, der Ägypter nahm
Und schlug metallene Platten,
Allmählich erschien's, und näher kam
Ein bleicher verwundeter Schatten,
Und stand mit geschlossenem Augenlicht,
Mit rückgebogenem Angesicht.

Wie Rosenblüten im Mondenglanz
Sanft schienen die Wangen gerötet,
Ihr Haupt umgab einen Myrtenkranz;
Für den, der sie getötet,
War noch wie einst ihr Haupt geschmückt,
Von scheuem Sehnen der Mund umzückt.

Der Grieche rief: »Mein armes Reh!« —
Und sank zu ihren Füßen —
»O nenne der Strafen größtes Weh,
O lasse die Schuld mich büßen!
Sprich, künde mir, wo ich und wann,
Erzürnte, dich versöhnen kann?«

Er rief's, und sie erhob die Hand
Und sprach in sanften Worten:
»Pausanias, kehre zum Vaterland!
In Sparta vor den Pforten
Des Palasttempels, dort allein
Wird deine Seele der Blutschuld rein.

Im Hades steht ein Lagerpfühl,
Für dich und mich gebettet,
Die Pfosten sind mit Asphodill
Und Amarant umkettet,
Dort kränz' ich mich zu deinem Empfang;
Die Parzen singen den Brautgesang.«

Lingg

Ver Sacrum

Als die Latiner aus Lavinium
Nicht mehr dem Sturm der Feinde hielten stand,
Da hoben sie zu ihrem Heiligtum,
Dem Speer des Mavors, flehend Blick und Hand.

Da sprach der Priester, der die Lanze trug:
»Euch künd' ich statt des Gottes, der euch grollt:
Nicht wird er senden günst'gen Vogelflug,
Wenn ihr ihm nicht den Weihefrühling zollt.«

»Ihm sei der Frühling heilig!« rief das Heer,
»Und was der Frühling bringt, sei ihm gebracht!«
Da rauschten Fittiche, da klang der Speer,
Da ward geworfen der Etrusker Macht.

Und jene zogen heim mit Siegesruf,
Und wo sie jauchzten, ward die Gegend grün,
Feldblumen sproßten unter jedem Huf,
Wo Speere streiften, sah man Bäum' erblühn.

Doch vor der Heimat Toren am Altar,
Da harrten schon zum festlichen Empfang
Die Frauen und der Jungfraun helle Schar,
Bekränzt mit Blüte, welche heut entsprang.

Als nun verrauscht der freudige Willkomm,
Da trat der Priester auf den Hügel, stieß
Ins Gras den heil'gen Schaft, verneigte fromm
Sein Haupt und sprach vor allem Volke dies:

»Heil dir, der Sieg uns gab in Todesgraus!
Was wir gelobten, das erfüllen wir;
Die Arme breit ich auf dies Land hinaus
Und weihe diesen vollen Frühling dir.

Was jene Trift, die herdenreiche, trug,
Das Lamm, das Zicklein flamme deinem Herd!
Das junge Rind erwachse nicht dem Pflug,
Und für den Zügel nicht das mut'ge Pferd!

Und was in jenen Blütengärten reift,
Was aus der Saat, der grünenden, gedeiht,
Es werde nicht von Menschenhand gestreift,
Dir sei es alles, alles dir geweiht!«

Schon lag die Menge schweigend auf den Knien;
Der gottgeweihte Frühling schwieg umher,
So leuchtend, wie kein Frühling je erschien;
Ein heil'ger Schauer waltet' ahnungsschwer.

Und weiter sprach der Priester: »Schon gefeit
Wähnt ihr die Häupter, das Gelübd' vollbracht?
Vergaßt ihr ganz die Satzung alter Zeit?
Habt ihr, was ihr gelobt, nicht vorbedacht?

Lissauer, Balladen. 11

Der Blüten Duft, die Saat im heitern Licht,
Die Trift, von neugeborner Zucht belebt,
Sind sie ein Frühling, wenn die Jugend nicht,
Die menschliche, durch sie den Reigen webt?

Mehr, als die Lämmer, sind dem Gotte wert
Die Jungfraun in der Jugend erstem Kranz;
Mehr als der Füllen auch hat er begehrt
Der Jünglinge im ersten Waffenglanz.

O nicht umsonst, ihr Söhne, waret ihr
Im Kampfe so von Gotteskraft durchglüht!
O nicht umsonst, ihr Töchter, fanden wir
Rückkehrend euch so wundervoll erblüht!

Ein Volk hast du vom Fall erlöst, o Mars!
Von Schmach und Knechtschaft hieltest du es rein
Und willst dafür die Jugend e i n e s Jahrs;
Nimm sie! sie ist dir heilig, sie ist dein.«

Und wieder warf das Volk sich auf den Grund,
Nur die Geweihten standen noch umher,
Von Schönheit leuchtend, wenn auch bleich der Mund;
Und heil'ger Schauer lag auf allen schwer.

Noch lag die Menge schweigend wie das Grab,
Dem Gotte zitternd, den sie einst beschwor;
Da fuhr aus blauer Luft ein Strahl herab
Und traf den Speer und flammt auf ihm empor.

Der Priester hob dahin sein Angesicht,
Ihm wallte glänzend Bart und Silberhaar;
Das Auge strahlend von dem Himmelslicht,
Verkündet er, was ihm eröffnet war:

»Nicht läßt der Gott von seinem heil'gen Raub,
Doch will er nicht den Tod, er will die Kraft;
Nicht will er einen Frühling welk und taub,
Nein, einen Frühling welcher treibt im Saft.

Aus der Latiner alten Mauern soll
Dem Kriegsgott eine neue Pflanzung gehn;
Aus diesem Lenz, inkräft'ger Keime voll,
Wird eine große Zukunft ihm erstehn.

Drum wähle jeder Jüngling sich die Braut!
Mit Blumen sind die Locken schon bekränzt;
Die Jungfrau folge dem, dem sie vertraut;
So zieht dahin, wo euer Stern erglänzt!

Die Körner, deren Halme jetzt, noch grün,
Sie nehmet mit zur Aussaat in die Fern',
Und von den Bäumen, welche jetzt noch blühn,
Bewahret euch den Schößling und den Kern!

Der junge Stier pflüg' euer Neubruchland,
Auf eure Weiden führt das muntre Lamm,
Das rasche Füllen spring' an eurer Hand,
Für künft'ge Schlachten ein gesunder Stamm!

Denn Schlacht und Sturm ist euch vorausgezeigt,
Das ist ja dieses starken Gottes Recht,
Der selbst in eure Mitte niedersteigt,
Zu zeugen eurer Könige Geschlecht.

In eurem Tempel haften wird sein Speer,
Da schlagen ihn die Feldherrn schütternd an,
Wann sie ausfahren über Land und Meer
Und um den Erdkreis ziehn die Siegesbahn.

Ihr habt vernommen, was dem Gott gefällt,
Geht hin, bereitet euch, gehorchet still!
Ihr seid das Saatkorn einer neuen Welt;
Das ist der Weihefrühling, den er will.«

Uhland

Der Ritt in den Tod

»Greif' aus, du mein junges, mein feuriges Tier,
Noch einmal verwachs' ich zentaurisch mit dir!

Umschmettert mich, Tuben! Erhebet den Ton!
Den Latiner besiegte des Manlius Sohn!

Voran die Trophä'n! Der latinische Speer!
Der eroberte Helm! Die erbeutete Wehr!

Duell ist bei Strafe des Beiles verpönt ...
Doch er liegt, der die römische Wölfin gehöhnt!

Liktoren, erfüllet des Vaters Gebot!
Ich besitze den Kranz und verdiene den Tod —

Bevor es sich rollend im Sande bestaubt
Erheb' ich in ewigem Jubel das Haupt!«

Meyer

Das Joch am Leman

»Die Einen liegen tot mit ihren Wunden,
Die Andern treiben wir daher gebunden!
Den Römeraar der Zwillingslegion,
Im Männerkampf, im Roßgestampf entrissen
Der eingegarnten Wölfin scharfen Bissen,
    Schwingt Divico, der Berge Sohn!«

Weit blaut die Seeflut. Scheltend jagen Treiber
Am Ufer einen Haufen Menschenleiber,
Die nackte Schmach umjauchzt Triumphgesang,
Ein Jüngling kreist auf einem falben Pferde
Um die zu Zwei'n gepaarte Römerherde
    Die Krümmen des Gestads entlang.

Er schleudert auf den Aar mit stolzem Schreie,
Er schickt den Ruf empor zur Firnenreihe —
Die Grät' und Wände blicken groß und bleich —
»Hebt, Ahnen, euch vom Silbersitz, zu schauen
Die Pforte, die wir für den Räuber bauen,
    Der sich verstieg in euer Reich!

Wir bauen nicht mit Mörtel noch mit Steinen,
Zwei Speere pflanzt! Querüber bindet einen!
Zwei Römerköpfe drauf! Es ist getan!«
Das Joch umstehn verwogne Kriegsgesellen
Mit Auerhörnern und mit Bärenfellen
    Und schauen sich das Bauwerk an.

Die Hörner dröhnen. Zu der blut'gen Pforte
Strömt her das Volk aus jedem Tal und Orte,
Groß wundert sich am Joch die Kinderschar,
Ein Mädelreigen springt in heller Freude
Um das von Schande triefende Gebäude,
     Den blüh'nden Veilchenkranz im Haar.

Der Manlierstirn verzogne Brauen grollen,
Des Claudierkopfs erhitzte Augen rollen —
Der Hirtenknabe geißelt wie ein Rind
Den Brutusenkel. Sich durchs Tor zu bücken,
Krümmt jetzt das erste Römerpaar den Rücken.
     Und gellend lacht das Alpenkind.

Mit starren Zügen blickt, als ob er spotte,
Ein Felsenblock, der eigen ist dem Gotte,
Drauf hoch des Landes Priesterinnen stehn:
Ein hell Geschöpf in sonnenlichten Flechten,
Und eine Drude mit geballter Rechten
     Und rabenschwarzer Haare Wehn.

Die Dunkle höhnt: »Geht Römer! Schneidet Stecken!
Mit Lumpen gürtet euch und Bettelsäcken!
Euch peitsch' ein wildes Wetter durch die Schlucht,
Verflucht der Steg, darüber ihr gekommen,
Und wen ihr euch zum Führer habt genommen,
     Er sei am ganzen Leib verflucht!«

Die Lichte fleht: »Du blitzest in den Lüften,
Umschwebst die Spitzen, hausest in den Klüften,

Behüte, Geist der Firn', uns lange noch!«
Die beiden singen starke Zauberlieder —
Ein Geier hangt im Blau und stößt danieder,
   Und setzt sich schreiend auf das Joch.

Meyer

Gotenzug

Gebt Raum, ihr Völker, unserm Schritt,
Wir sind die letzten Goten;
Wir tragen keine Krone mit:
Wir tragen einen Toten.

Mit Schild an Schild und Speer an Speer,
Wir ziehn nach Nordlands Winden,
Bis wir im fernsten grauen Meer
Die Insel Thule finden.

Das soll der Treue Insel sein,
Dort gilt noch Eid und Ehre,
Dort senken wir den König ein
Im Sarg der Eichenspeere.

Wir kommen her — gebt Raum dem Schritt —
Aus Romas falschen Toren:
Wir tragen nur den König mit —
Die Krone ging verloren!

Dahn

Nordmännerlied

Der Abend kommt, und die Herbstluft weht,
Reiffälte spinnt um die Tannen,
O Kreuz und Buch und Mönchsgebet —
Wir müssen alle von dannen.

Die Heimat wird dämmernd und dunkel und alt,
Trüb rinnen die heiligen Quellen:
Du götterumschwebter, du grünender Wald,
Schon blitzt die Art, dich zu fällen!

Und wir ziehn stumm, ein geschlagen Heer,
Erloschen sind unsere Sterne —
O Island, du eisiger Fels im Meer,
Steig' auf aus nächtiger Ferne.

Steig' auf und empfah unser reisig Geschlecht —
Auf geschnäbelten Schiffen kommen
Die alten Götter, das alte Recht,
Die alten Nordmänner geschwommen.

Wo der Feuerberg loht, Glutasche fällt,
Sturmwogen die Ufer umschäumen,
Auf dir, du trotziges Ende der Welt,
Die Winternacht woll'n wir verträumen.

Scheffel

Das Grab der Aturen

»Wenn dieser weiße Strom einst seine Fluten
Einmünden wird in diesen blauen See,
Dann wird das Herz der alten Krieger bluten
Und eurer Söhne Bart wird sein wie Schnee.

Schlaff wird die Sehne sein an eurem Bogen,
Und wirkungslos entfliegen euer Pfeil,
Dann wird mein Antlitz sein von Schmerz umzogen,
Und an den Fremdling kommt der Ahnenteil.«

So sprach zu unsern Vätern einst die Schlange
Des weißen Lichts; erfüllt ist nun ihr Wort —
Von Hof und Flur, vom Licht und vom Gesange
Des Heimathains treibt uns der Sieger fort.

Doch hat der Gott ein Grabmal uns bereitet —
Umspült von Wassern, vom Gebirg umzackt,
Liegt eine Höhle, grufttief ausgeweitet,
Um ihren Eingang braust der Katarakt.

Dorthin hieß er uns letzte Söhne ziehen,
Des Stammes Überrest, der Tugend wert,
Die unsrer Ahnen war, denn wir entfliehen
Mit überwundnem, nicht beflecktem Schwert.

Auf eure Häupter nehmt die Aschenkrüge,
Den Staub, der unsrer Väter Staub umschließt,
Auch nehmt von Frucht und Öl so viel genüge
Zum Opfermahl, das ihr zuletzt genießt.

Dann laßt uns ruhn auf Steinen um die Flamme
Im Sterbehaus, das unsrer Leichen harrt,
Stumm, bis dem letzten vom Aturenstamme
Der letzte Pulsschlag in der Brust erstarrt.

Lingg

Heilige Schrift

Pharao

An dem Roten Meer mit bekümmerter Seel',
Mit der Stirn im Staube lag Israel,
Vor ihnen der See tief flutender Born,
Und hinten des Pharao klirrender Zorn:
　　»Jehova, erbarme dich meiner!«

Und Moses schlug mit dem Stab in den Schwall,
Da türmte der Herr die Flut zum Wall,
Und das Volk des Herrn durch die Gasse zog,
Und auf beiden Seiten stand das Gewog',
　　Und drüben fehlte nicht einer.

Und Pharao kam an das Ufer gebraust,
Auf der Lippe den Grimm, das Schwert in der Faust;
Sein strahlendes Heer, weit kam's gerollt
Und Roß und Reiter war eitel Gold!
　　»Nun, König der Könige, rette!«

Und hinab in das Meer mit Wagen und Troß!
Doch vornen sprengte des Todes Roß,
Und als in der Gasse ritt Mann an Mann,
Aufbrüllten die Wogen und schlossen sich dann
　　Hoch über ihr altes Bette.

Schwer war der Harnisch, und tief die See,
Nicht Roß, noch Reiter kam wieder zur Höh'.
Und Juda kniet', und der Herr war nah',
Und es sanken die Wasser und lagen da,
　　Und still ward's über der Glätte.

Strachwitz

175

Sisera, der Kanaanite

Und wieder fiel Gottes Faust, gleich Erz,
Auf die wuchernden Frevel von Israel.
König Jabin zerbrach ihrer Burgen Gepfähl.
Zweimal zehn Jahre war Ketten und Schmerz.

Bis der Herr die Prophetin Deborah entbot
Wider Sisera, Jabins Fronvogt und Schwert:
»Der du Frauen geschändet, sie bringen dir Tod!«
Und sie schlug ihn bei Tabor mit Wagen und Pferd.

Und Sisera barg sich in Hebers Haus,
Wo ihn Jael empfing, seines Freundes Gemahl,
Einen Hammer zur Hand, als er Ruhstatt begehrt.

Den Wehrlosen lockte sie: »Strecke dich aus!«
Und durchtrieb seine Schläfe mit spitzigem Pfahl,
Im Schlafe, im heiligen Schlafe am Herd.

Esotor

Jesus und der Afer=Weg

Und als wir gingen von dem toten Hund,
Von dessen Zähnen mild der Herr gesprochen,
Entführte er uns diesem Meeressund
Den Berg empor, auf dem wir keuchend krochen.

Und als der Herr zuerst den Gipfel trat,
Und wir schon standen auf den letzten Sprossen,
Verwies er uns zu Füßen Pfad an Pfad,
Und Wege, die im Sturm zur Fläche schossen.

Doch einer war, den jeder sanft erfand,
Und leiser jeder sah zu Tale fließen.
Und wie der Heiland süß sich umgewandt,
Da riefen wir und schrien: Wähle diesen.

Er neigte nur das Haupt und ging voran,
Indes wir uns verzückten, daß wir lebten,
Von Luft berührt, die Grün im Grün zerrann,
Von Eich' und Mandel, die vorüberschwebten.

Doch plötzlich bäumte sich vor unserem Lauf
Zerfreff'ne Mauer und ein Tor inmitten.
Der Heiland stieß die dumpfe Pforte auf,
Und wartete, bis wir hindurchgeschritten.

Lissauer, Balladen. 12

Und da geschah, was uns die Augen schloß,
Was uns wie Stämme auf die Stelle pflanzte,
Denn greulich vor uns, wildverschlungen floß
Ein Strom von Aas, auf dem die Sonne tanzte.

Verbiss'ne Ratten schwammen im Gezücht
Von Schlangen, halb von Schärfe aufgefressen,
Verweste Reh' und Esel und ein Licht
Von Pest und Fliegen drüber unermessen.

Ein schweflig Stinken und so ohne Maß
Aufbrodelte aus den verruchten Lachen,
Daß wir uns beugten übers gelbe Gras
Und uns vor uferloser Angst erbrachen.

Der Heiland aber hob sich auf und schrie
Und schrie zum Himmel, rasend ohne Ende:
»Mein Gott und Vater, höre mich und wende
Dies Grauen von mir und begnade die!

Ich nannt' mich Liebe und nun packt mich auch
Dies Würgen vor dem scheußlichsten Gesetze.
Ach, ich bin eitler, als die kleinste Metze
Und schnöder bin ich, als der letzte Gauch!

Mein Vater du, so du mein Vater bist,
Laß mich doch lieben dies verweste Wesen,
Laß mich im Aase dein Erbarmen lesen!
Ist das denn Liebe, wo noch Ekel ist?!«

Und siehe! Plötzlich brauste sein Gesicht
Von jenen Jagden, die wir alle kannten,
Und daß wir uns geblendet seitwärts wandten,
Verfing sich seinem Scheitel Licht um Licht!

Er neigte mild sich nieder und vergrub
Die Hände ins verderbliche Geziefer,
Und ach, von Rosen ein Geruch, ein tiefer,
Von seiner Weiße sich erhub.

Er aber füllte seine Haare aus
Mit kleinem Aas und kränzte sich mit Schleichen,
Aus seinem Gürtel hingen hundert Leichen,
Von seiner Schulter Ratt' und Fledermaus.

Und wie er so im dunkeln Tage stand,
Brachen die Berge auf, und Löwen weinten
An seinem Knie, und die zum Flug vereinten
Wildgänse brausten nieder unverwandt.

Vier dunkle Sonnen tanzten lind,
Ein breiter Strahl war da, der nicht versiegte.
Der Himmel barst. — Und Gottes Taube wiegte
Begeistert sich im blauen Riesenwind.

Werfel

Legende

Als der Herr in Gethsemane
Auf Knien lag im schwersten Weh,
Als er sich hob, um nach den Jüngern zu schauen,
Ließ er die Tränen niedertauen:
Er fand sie schlafend, und mit den Genossen
Hatte selbst Petrus die Augen geschlossen.
Zum zweitenmal sucht er die Seinen dann,
Die liegen noch immer in Traumes Bann.
Und zum dritten, allein im Schmerz,
Zeigt er Gott das kämpfende Herz.
Die heilige Stirn wird ihm feucht und naß;
»Mein Vater, ist es möglich, daß . . .«
Und sieh, durch ein Gartenmauerloch
Schlüpfte ein zottig Hündchen und kroch
Dem Heiland zu Füßen, und schmiegt sich ihm an,
Als ob es ihm helfen will und kann.
Und der Herr hat mild lächelnd den Trost gespürt,
Und er nimmt es und drängt's an die Brust gerührt,
Und muß es mit seiner Liebe umfassen;
Wir Menschen hatten ihn verlassen.

Liliencron

Gethsemane

Als Christus lag im Hain Gethsemane
Auf seinem Antlitz mit geschloss'nen Augen,
Die Lüfte schienen Seufzer nur zu saugen,
Und eine Quelle murmelte ihr Weh,
Des Mondes blasse Scheibe widerscheinend —
Da war die Stunde, wo ein Engel weinend
Von Gottes Throne ward herabgesandt,
Den bittern Leidenskelch in seiner Hand.

Und vor dem Heiland stieg das Kreuz empor;
Daran sah seinen eignen Leib er hangen,
Zerrissen, ausgespannt; die Stricke drangen
Die Sehnen an den Gliedern ihm hervor.
Die Nägel sah er ragen und die Krone
Auf seinem Haupte, wo an jedem Dorn
Ein Blutestropfen hing, und wie im Zorn
Murrte der Donner mit verhaltnem Tone.
Ein Tröpflein hört' er, und am Stamme leis
Herniederglitt ein Wimmern qualverloren.
Da seufzte Christus, und aus allen Poren
Drang ihm der Schweiß.

Und dunkler ward die Nacht, im grauen Meer
Schwamm eine tote Sonne, kaum zu schauen
War noch des qualbewegten Hauptes Grauen,
Im Todeskampfe schwankend hin und her.

Am Kreuzesfuße lagen drei Gestalten;
Er sah sie grau wie Nebelwolken liegen,
Er hörte ihres schweren Odems Fliegen,
Vor Zittern rauschten ihrer Kleider Falten.
O welch ein Lieben war wie seines heiß?
Er kannte sie, er hat sie wohl erkannt;
Das Menschenblut in seinen Adern stand,
Und stärker quoll der Schweiß.

Die Sonnenleiche schwand, nur schwarzer Rauch,
In ihm versunken Kreuz und Seufzerhauch;
Ein Schweigen, grauser als des Donners Toben,
Schwamm durch des Äthers sternenleere Gassen;
Kein Lebenshauch auf weiter Erde mehr,
Ringsum ein Krater, ausgebrannt und leer,
Und eine hohle Stimme rief von oben:
Mein Gott, mein Gott, wie hast du mich verlassen!
Da faßten den Erlöser Todeswehn,
Da weinte Christus mit gebrochnem Munde:
»Herr, ist es möglich, so laß diese Stunde
An mir vorübergehn!«

Ein Blitz durchfuhr die Nacht; im Lichte schwamm
Das Kreuz, erstrahlend mit den Marterzeichen,
Und Millionen Hände sah er reichen,
Sich angstvoll klammernd um den blut'gen Stamm,
O Händ' und Händchen aus den fernsten Zonen,
Und um die Krone schwebten Millionen
Noch ungeborner Seelen, Funken gleichend;
Ein leiser Nebelrauch, dem Grund entschleichend,

Stieg aus den Gräbern der Verstorbnen Flehn.
Da hob sich Christus in der Liebe Fülle,
Und: »Vater, Vater!« rief er, »nicht mein Wille,
Der deine mag geschehn!«

Still schwamm der Mond im Blau, ein Lilienstengel
Stand vor dem Heiland im betauten Grün;
Und aus dem Lilienkelche trat der Engel
Und stärkte ihn.

Droste=Hülshoff

Alle

Es sprach der Geist: Sieh auf! Es war im Traume.
Ich hob den Blick. In lichtem Wolkenraume
Sah ich den Herrn das Brot den Zwölfen brechen
Und ahnungsvolle Liebesworte sprechen.
Weit über ihre Häupter lud die Erde
Er ein mit allumarmender Gebärde.

Es sprach der Geist: Sieh auf! Ein Linnen schweben
Sah ich und vielen schon das Mahl gegeben,
Da breiteten sich unter tausend Händen
Die Tische, doch verdämmerten die Enden
In grauen Nebel, drin auf bleichen Stufen
Kummergestalten saßen ungerufen.

Es sprach der Geist: Sieh auf! Die Luft umblaute
Ein unermeßlich Mahl, soweit ich schaute,
Da sprangen reich die Brunnen auf des Lebens,
Da streckte keine Schale sich vergebens,
Da lag das ganze Volk auf vollen Garben,
Kein Platz war leer, und keiner durfte darben.

Meyer

Apokalyptische Schauung

Vision

Ich sah im Traum ein seltsam Ding;
In goldnen Wogen ein Kornfeld ging.

Am Himmel war's tiefnächtig blau,
Auf Erden doch wie Morgengrau.

Und droben in der Sterne Schar
Der Mond so bleich und glanzlos war.

Da sah ich drei Männer in rotem Kleid,
Kron' auf dem Haupt, Schwert an der Seit'.

Sie trugen Sensen wie Blitzesschein,
Sie schauten ernst und düster drein.

Sie sprachen: die Zeit vorhanden ist:
So wetzt die Sensen zu dieser Frist!

Und als des ersten Sense klang,
Der Mond in Stücken vom Himmel sank.

Und als der zweite die Sense schlug,
Da fielen vom Himmel der Sterne genug.

Wie goldner Regen sie fielen her
Ins Korn, das rauschte und wogte sehr.

Und als des dritten Senfe scholl,
Da bin ich erwachet schreckensvoll.

Der Himmel stand in Sternenschein;
Der Herr, der wird barmherzig sein.

Blomberg

Nachtgesicht

Fern abwärts vom Klang und vom Glanze der Nacht,
Bei trübem verqualmendem Feuer,
Was sitzen, entstiegen dem höllischen Schacht,
Beisammen für drei Ungeheuer?
Sie kenn' ich, soweit es erkennen sich läßt;
Das dort ist der Hunger, das hier ist die Pest;
Verzweiflung ist dieses, die dritte,
Stumm in der zwei anderen Mitte.

Der Hunger so hager, so scheußlich die Pest,
Verzweiflung so schrecklich erblassend,
Sie feiern im stillen ihr eigenes Fest,
Einträchtig zum Tanz sich umfassend;
Sie tanzen, umwirbelt von Qualm und von Rauch,
Berauschend sich eins an des anderen Hauch,
So drehn sie sich schwindelnd im Kreise,
Und heulen zusammen die Weise:

Ein Flammen ist wach in der Nacht, ein Getön,
Es läßt uns in Ruhe nicht schlafen;
Sie schüren und rühren die Feu'r auf den Höh'n,
Daß Blitz' in die Augen uns trafen.
So lasset uns feiern die Feier der Nacht,
Mitfeiern die mächtige Feier mit Macht;
Und laßt uns hier unten ermessen,
Was jene dort oben vergessen.

Sie singen und klingen von Krieg und von Sieg,
Vom Sieg, den die Welt sich erfochten,
Des Flamme, wie einmal zum Himmel sie stieg,
Soll steigen in ewigen Dochten.
Und stiege sie ewig und stiege sie hoch,
Viel höher gestiegen auf ewig ist doch
Der, welchen jetzt niemand will kennen;
Wir wollen ihn preisen und nennen.

Napoleon, dem sich die Welt hat gebeugt,
Napoleon, unser Berater,
Napoleon, der du mit Blut uns gesäugt,
Napoleon, Pfleger und Vater;
Napoleon, dein in der klingenden Nacht
Wird deiner von keinem in Ehren gedacht,
Wenn wir es nicht täten in Treuen?
Es müsse die Treue dich freuen.

Napoleon, als du vom Weste zum Ost
Ausfuhrst auf zerschmetterndem Wagen,
Da hatten wir Futter, da hatten wir Kost
An Leichen, die hinter ihm lagen.
Satt fühlte der Hunger und Pest sich gesund,
Verzweiflung pries sich mit lachendem Mund,
Nun, da du vom Wagen gefallen,
Soll unsere Klage nicht schallen?

Und bist du geworden den Völkern ein Spott,
Und willst du nicht wieder dich heben;
Doch bleibst du, wie du uns gewesen ein Gott,
Ein Gott uns so lange wir leben.

Was jauchzen sie droben in trunkenem Wahn?
Ihr Schwestern wohlauf, und das Beste getan!
Geheul soll den Klang übertäuben,
Daß ihnen die Haare sich sträuben.

O weh, dort am Feuer, am äußersten, steht
Ein Cherub mit flammendem Schwerte,
Er winkt, daß im Winde das Heulen verweht,
Und dräuet mit ernster Gebärde.
Wir sollen, wir dürfen zu dort nicht hinan;
So rufen von hier wir, so rufen wir dann:
Ist keiner von droben den Gästen,
Der nahn hier will unseren Festen?

Ist keiner dort oben, dem still noch im Sinn
Napoleon lebt und im Herzen?
Ist keiner, des Auge zum Dunkel sich hin
Gern kehrt, weil die Feuer es schmerzen?
Dort seid ihr fürwahr nicht am schicklichen Ort;
So macht euch hernieder, so machet euch fort!
Dort werden sie gerne euch lassen,
Und hier wir mit Lust euch umfassen.

Ihr Schwestern! den Ruf hat wohl mancher gehört;
Zu kommen will keiner doch wagen.
Sie eifern geschickt, wie das Herz sich empört,
Den Jubel zur Schau doch zu tragen.
Es treffe die Feigen ein schmählicher Tod,
Sie sind uns zu unserem Feste nicht not;
Laßt, rühmlichen Tod zu erwerben,
In enger Umarmung uns sterben!

Da faßte die beiden im Tanze so fest
Verzweiflung mit wilden Gelüsten;
Sie drückte den Hunger, sie drückte die Pest
Zusammen, daß beide sich küßten.
Sie starben, das ein an des anderen Kuß:
Da faßte Verzweiflung sich selber zum Schluß,
Sich samt den Gesellen zerfleischend,
Und stürzt in das Feuer sich kreischend.

Aufflackerte von der Verzweifelung Hauch
Das Feuer, den Raub zu verzehren,
Sich selbst und die Leichen verhüllend mit Rauch,
Dem Himmel den Anblick zu wehren.
Und als nun ein Lufthauch vertrieben den Dunst,
Da sah ich verschwunden die scheußliche Brunst,
Und hoch auf den Höhen die Flammen,
Die heiter ins Blaue verschwammen.

Rückert

Ein Traum

Und es saßen die Schwarzen, das grausige Drei,
Die Furien, die höllischen Schwestern,
Und riefen das Zaubergesindel herbei,
Welche Gott und das Göttliche lästern;
Und Merlin der Welsche, frisch trieb er voran
Von Füchsen und Wölfen das Satansgespann,
Und hinter ihm tückische Fratzen
Auf Böcken und Affen und Katzen.

Er ordnet die Scharen und schließet den Kreis —
Die Glocke dröhnt zwölfmal die Stunde —
Dann sprudelt unheimlich Geheimnis ihm heiß
Wie Feu'r aus unseligem Munde:
»Von Mitternacht dräuet uns mordlicher Schein,
Ihr Brüder und Schwestern, und winkt übern Rhein,
Von Mitternacht dräut es uns Welschen,
Wenn wir es durch Zauber nicht fälschen.

So rollet des Schicksals gewaltiges Rad
Das Glück in germanischer Runde;
Drum stehn wir, berufen zu Rat und zu Tat,
Geschlossen im nächtlichen Bunde.
Herbei! Mit verborgenen Kräften herbei!
Mit Zaubergesängen und Wehegeschrei,
Mit Flüchen den festen und starken,
Zu schirmen die gallischen Marken!«

Lissauer, Balladen. 13

Und es hob sich satanisch die scheußliche Macht,
Und es bleichten der Mond und die Sterne,
Und sie teilten den Deutschen die schreckliche Acht
Des Unheils für Nähe und Ferne.
Sie teilten sie fluchend von Haus und von Herd,
Von Ehre der Freien, von Schild und von Schwert,
Mit Hieben in alle acht Winde
Besiegelt's das Satansgesinde.

Und es blies das Geschrei mir der Traum in das Ohr
Und die lästernden fluchenden Klänge,
Dann hob sich ein leuchtender Herold empor,
Und es tönte wie Himmelsgesänge:
»Laß sie zaubern mit Künsten der Mitternacht,
Laß sie hauen die Acht und die Aberacht,
Laß sie hauen nach allen Weltenden,
Sie werden Weg Gottes nicht wenden.

Denn Gott und die Zeiten, sie halten Gericht,
Gehängt ist die mächtige Wage,
Und Herrscher und Völker darauf als Gewicht,
Erzitternd dem Alten der Tage:
Denn sein ist die Herrschaft und sein ist die Macht,
Denn sein ist die Rache und sein ist die Acht;
Laß sie hauen nach allen acht Winden,
Sie werden das Schicksal nicht binden.«

Verstummt war der Engel, verschwunden der Traum,
Ich staunte mit bebendem Herzen,
Dann hob ich die Stimme zum himmlischen Raum,
Zum Tröster der irdischen Schmerzen:

»Gott Heil! Es mag eh'r wohl das Wunder geschehn,
Daß segelnde Schiffe die Alpen auf gehn,
Daß Winde von Schwerthieben bluten,
Als daß Gott läßt die Tapfern und Guten.«

Arndt

Krieg

Aufgestanden ist er, welcher lange schlief,
Aufgestanden unten aus Gewölben tief.
In der Dämmrung steht er, groß und unbekannt,
Und den Mond zerdrückt er in der schwarzen Hand.

In den Abendlärm der Städte fällt es weit,
Frost und Schatten einer fremden Dunkelheit.
Und der Märkte runder Wirbel stockt zu Eis.
Es wird still. Sie sehn sich um. Und keiner weiß.

In den Gassen faßt es ihre Schulter leicht.
Eine Frage. Keine Antwort. Ein Gesicht erbleicht.
In der Ferne zittert ein Geläute dünn,
Und die Bärte zittern um ihr spitzes Kinn.

Auf den Bergen hebt er schon zu tanzen an,
Und er schreit: Ihr Krieger alle, auf und an!
Und es schallet, wenn das schwarze Haupt er schwenkt,
Drum von tausend Schädeln laute Kette hängt.

Einem Turm gleich tritt er aus die letzte Glut,
Wo der Tag flieht, sind die Ströme schon voll Blut.
Zahllos sind die Leichen schon im Schilf gestreckt,
Von des Todes starken Vögeln weiß bedeckt.

In die Nacht er jagt das Feuer querfeldein,
Einen roten Hund mit wilder Mäuler Schrein.
Aus dem Dunkel springt der Nächte schwarze Welt,
Von Vulkanen furchtbar ist ihr Rand erhellt.

Und mit tausend hohen Zipfelmützen weit
Sind die finstren Ebnen flackend überstreut,
Und was unten auf den Straßen wimmelnd flieht,
Stößt er in die Feuerwälder, wo die Flamme brausend zieht.

Und die Flammen fressen brennend Wald um Wald,
Gelbe Fledermäuse, zackig in das Laub gekrallt,
Seine Stange haut er wie ein Köhlerknecht
In die Bäume, daß das Feuer brause recht.

Eine große Stadt versank in gelbem Rauch,
Warf sich lautlos in des Abgrunds Bauch.
Aber riesig über glüh'nden Trümmern steht,
Der in wilde Himmel dreimal seine Fackel dreht.

Über sturmzerfetzter Wolken Widerschein,
In des toten Dunkels kalten Wüstenein,
Daß er mit dem Brande weit die Nacht verdorr,
Pech und Feuer träufet unten auf Gomorrh.

Heym

Die Pest

Einst hat ein Mann die Pest gesehn
Frühmorgens über die Felder gehn,
Die Hähne krähten ihr heiser und schwach,
Mißtönig knurrten die Hunde ihr nach.

In einem grauen Bettelkleid,
Gebückt, so hinkte sie über die Heid,
Nach allen Seiten sorgsam dreht'
Ihr rotes Auge sie und späht' —

Und wo ein Dorf von fern sie sah,
Still nickend stehen blieb sie da
Und nestelt' hüstelnd am Gewand
Und suchte fingernd mit der Hand

Und wedelt', wie man Mücken schreckt,
Ein gelbes Tuch mit Blut befleckt,
Dreimal und schnell — noch einen Fluch
Murrend, dann barg sie rasch ihr Tuch.

Und weiter hinkte sie am Stab:
Wohin sie stieß, sank's ein zum Grab,
Wohin sie winkte, Haus um Haus
Starb Dorf um Dorf zum Abend aus.

Avenarius

Die Not

Ich sah gar oft im Traum, bevor die Hähne krähen,
Ein hünenhaftes Weib durch meine Nächte gehen,
Das von dem Schild des Reichs den Duft der Jahre blies
Und mir ein flammend Bild in finstern Rahmen wies.
Die Wipfel meines Traums verfärbten sich wie Gluten,
Es scholl von draußen her wie Überschwemmungsfluten.
Im Rücken dämmerte der Brauch der heut'gen Welt;
Was rings um mich erklang, vertraut war's, doch entstellt.
Entwöhnt seit lange schon von Hammer, Pflug und Feder,
Trug blutig Handwerkszeug in seiner Faust ein jeder.
Ich selber war entstellt, ergraut in Bart und Haar,
Mein Denken kurz und karg, mein Herz der Sehnsucht bar;
Verloren war mein Lieb, vergessen war mein König,
Nur ein erstaunlich Lied, schwertscharf und glockentönig,
Zog brausend vor uns her, ein Lied so wunderſam,
Zorntriefend, opferfromm, wie ich es nie vernahm.
Millionen sangen es, durch die verhüllte Gegend
In roter Dörfer Qualm sich rüstig fortbewegend.
Am Weg zuweilen fand ein Haus ich, ein Gesicht,
Das deuchte mir bekannt, und dennoch kannt' ich's nicht;
Ei was, es ging vorbei, nicht mocht' ich mich besinnen,
Verloren war so viel und Eins nur zu gewinnen.
Und jener grause Sang in heil'gem Einerlei
War uns Gebet und Fluch, Grablied und Freudenschrei.
Wenn da mein Blick voraus ins Weite sich versenkte,
Sah ich das Riesenweib, das die Millionen lenkte.

In kargen Ringeln fiel ihr Haar ums hohe Haupt,
Von einem stolzen Kranz aus engem Stahl umlaubt;
Die Lippen ernst und schmal, gewöhnt wie ans Versagen,
Lippen, wie ich sie sehr geliebt in schönen Tagen;
Ihr Auge feucht, jedoch ihr Fuß mit Erz beschuht,
Des Tritt wie glüh'nden Stahls in festgefrornem Blut.
Und donnernd ging das Wort der riesigen Walküre
Die Tausende hinab: »Folgt mir, wie ich euch führe!
Ihr habt das bunte Reich der Möglichkeit durchsucht,
Bis jedes Mittel ihr erkannt als taube Frucht,
Bis ihr in mir erwählt den Spruch der alten Weisen:
Wo keine Kunst mehr heilt, hilft Feuer oder Eisen.
Hie Brand und Stahl! Wohlan, erfüllt des Herrn Gebot;
Sein Zorn fegt durch die Welt. Ich bin die harte Not.«
So rauscht das Riesenweib einher in meinen Nächten,
Das Weib mit strengem Mund und erzumschloss'nen Flechten.
Ich weiß, manch eines Traum hat nicht so bösen Schwung,
Ist farblos wie er selbst, wie ew'ge Dämmerung.
Ich kann euch euren Schlaf nicht aus den Wimpern rauben,
Doch wer den Schmerz nicht scheut, darf an die Flamme
                                    glauben.
Sei's denn, Walküre, komm! Wann wird der Tag erstehn,
Da wir bei Sonnenschein uns Aug' in Auge sehn?

                                    Hopfen

Könige

Ein Fauſtſchlag

König Helke war ein alter Held,
Der hatte ſein Schwert zur Ruh' geſtellt.

Den Panzer er in die Halle hing,
Der Spinne Geweb den Helm umfing.

Sein ſchwarzes Schiff die Bucht umſchloß,
Auf der Weide trabte ſein weißes Roß.

Er waltete gut und herrſchte gerecht,
Wog ſtrenges Maß für Fürſt und Knecht.

Das frommte Landen und Leuten baß,
Auf Norwegs Felſen wuchs Korn und Gras.

Den Pflug hinſchleppte des Stieres Mut;
Der Kaufmann pflügte die blaue Flut.

Aufſtiegen Städte aus wüſtem Moor,
Und Freya herrſchte für Aukathor.

Der Bauer, der lebte frei und froh,
Das wollten die trotzigen Jarls nicht ſo.

Sie ritten zu Hauf, wohl dreißig und mehr,
In des Königs Halle: da traten ſie her;

Da traten sie her in Erz und Stahl,
Vom Sporenklange dröhnte der Saal.

Jarl Jrold vor den König schritt,
Hoch war sein Helmbusch und keck sein Tritt.

Sein Schwert an den Boden er rasselnd stieß,
Sein Wort er zornig erschallen ließ:

Wir wollen nicht sitzen und Spindeln drehn,
Mit dem Normannsschwert nicht Hafer mähn.

Wir wollen furchen, wie Harald tat,
Mit dem schwarzen Segler den feuchten Pfad.

Wir wollen tragen, wie Rollo trug,
Auf Südlands Äcker den Nordlandspflug.

Wir sind des Königs müd und satt,
Der immer das Schwert in der Scheide hat.

Wir sind des Königs satt und müd,
Der Unkraut jätet und Rüben zieht.

Und wer will zähmen des Normanns Blut,
Der halte das Schwert und halt es gut!

Jarl Jarold sprach's; der König schwieg,
Auf der Stirn ihm grimmig die Ader stieg;

Aus den Augen fuhr's ihm, wie Blitz und Flamm',
Die Brust ward voll, die Faust ward stramm.

Aus dem Sessel sprang er, der krachend brach;
Wie dumpfer Donner er also sprach:

Mein Aug' ist trüb, mein Haupt ist kahl,
Am Nagel rostet mein guter Stahl.

Und tragt nach dem Schwert ihr so heißen Trieb,
So nehmt für heut mit der Faust vorlieb.

Der König sprach es und macht es kurz:
Er hieb den Jarl auf den Helmessturz.

Er hieb einen Streich, einen Heldenstreich,
Daß Helm und Schädel zerbarst sogleich.

Einkrachte vom Hiebe Schlaf und Stirn,
Aufspritzte vom Hiebe Blut und Hirn.

Auf den hallenden Boden der Jarl sank hin;
Da brach den andern der trotzige Sinn.

Sie warfen aufs Knie sich, Mann an Mann,
Wollt keiner proben die Faust fortan.

Strachwitz

König Harald Harfagar

Der König Harald Harfagar
Sitzt unten in Meeresgründen
Bei seiner schönen Wasserfee;
Die Jahre kommen und schwinden.

Von Nixenzauber gebannt und gefeit,
Er kann nicht leben, nicht sterben;
Zweihundert Jahre dauert schon
Sein seliges Verderben.

Des Königs Haupt liegt auf dem Schoß
Der holden Frau, und mit Schmachten
Schaut er nach ihren Augen empor,
Kann nicht genug sie betrachten.

Sein goldnes Haar ward silbergrau,
Es treten die Backenknochen
Gespenstisch hervor aus dem gelben Gesicht,
Der Leib ist welk und gebrochen.

Manchmal aus seinem Liebestraum
Wird er plötzlich aufgeschüttert,
Denn droben stürmt so wild die Flut
Und das gläserne Schloß erzittert.

Manchmal ist ihm, als hört' er im Wind'
Normannenruf erschallen;
Er hebt die Arme mit freudiger Hast,
Läßt traurig sie wieder fallen.

Manchmal ist ihm, als hört' er gar,
Wie die Schiffer singen hier oben,
Und den König Harald Harfagar
Im Heldenliede loben.

Der König stöhnt und schluchzt und weint
Alsdann aus Herzensgrunde.
Schnell beugt sich hinab die Wasserfee
Und küßt ihn mit lachendem Munde.

Heine

Salomo

Verstummt sind die Pauken, Posaunen und Zinken.
An Salomos Lager Wache halten
Die schwertgegürteten Engelgestalten,
Sechstausend zur Rechten, sechstausend zur Linken.

Sie schützen den König vor träumendem Leide,
Und zieht er finster die Brauen zusammen,
Da fahren sogleich die stählernen Flammen,
Zwölftausend Schwerter, hervor aus der Scheide.

Doch wieder zurück in die Scheide fallen
Die Schwerter der Engel. Das nächtliche Grauen
Verschwindet, es glätten sich wieder die Brauen
Des Schläfers, und seine Lippen lallen:

»O Sulamith! das Reich ist mein Erbe,
Die Lande sind mir untertänig.
Bin über Juda und Israel König —
Doch liebst du mich nicht, so welk' ich und sterbe.«

Heine

Gorm Grymme

König Gorm herrscht über Dänemark,
Er herrscht die dreißig Jahr,
Sein Sinn ist fest, seine Hand ist stark,
Weiß worden ist nur sein Haar,
Weiß worden sind nur seine buschigen Brau'n,
Die machten manchen stumm,
In Grimme liebt er drein zu schau'n —
Gorm Grymme heißt er drum.

Und die Jarls kamen zum Feste des Jul,
Gorm Grymme sitzt im Saal,
Und neben ihm sitzt, auf beinernem Stuhl,
Thyra Danebod, sein Gemahl;
Sie reichen einander still die Hand
Und blicken sich an zugleich,
Ein Lächeln in beider Augen stand —
Gorm Grymme, was macht dich so weich?

Den Saal hinunter, in offner Hall,
Da fliegt es wie Locken im Wind,
Jung=Harald spielt mit dem Federball,
Jung=Harald, ihr einziges Kind,
Sein Wuchs ist schlank, blond ist sein Haar,
Blau=golden ist sein Kleid,
Jung=Harald ist heute fünfzehn Jahr
Und sie lieben ihn allbeid'.

Lissauer, Balladen. 14

Sie lieben ihn beid'; eine Ahnung bang
Kommt über die Königin,
Gorm Grymme aber den Saal entlang
Auf Jung=Harald deutet er hin,
Und er hebt sich zum Sprechen — sein Mantel rot
Gleitet nieder auf den Grund.
»Wer je mir spräche, er ist tot,
Der müßte sterben zur Stund'.«

Und Monde gehn. Es schmolz der Schnee,
Der Sommer kam zu Gast,
Dreihundert Schiffe fahren in See,
Jung=Harald steht am Mast,
Er steht am Mast, er singt ein Lied,
Bis sich's im Winde brach,
Das letzte Segel, es schwand, es schied —
Gorm Grymme schaut ihm nach.

Und wieder Monde. Grau=Herbstestag
Liegt über Sund und Meer,
Drei Schiffe mit mattem Ruderschlag
Rudern heimwärts drüber her;
Schwarz hängen die Wimpel; auf Brömsebro=Moor
Jung=Harald liegt im Blut —
Wer bringt die Kunde vor Königs Ohr?
Keiner hat den Mut.

Thyra Danebod schreitet hinab an den Strand,
Sie hatte die Segel gesehn;
Sie spricht: »Und bangt sich euer Mund,
Ich meld' ihm, was geschehn.«

Ablegt sie ihr rotes Korallengeschmeid'
Und die Gemme von Opal,
Sie kleidet sich in ein schwarzes Kleid
Und tritt in Hall' und Saal.

In Hall' und Saal. An Pfeiler und Wand
Goldteppiche ziehen sich hin,
Schwarze Teppiche nun mit eigener Hand
Hängt drüber die Königin,
Und sie zündet zwölf Kerzen, ihr flackernd Licht
Es gab einen trüben Schein,
Und sie legt ein Gewebe, schwarz und dicht,
Auf den Stuhl von Elfenbein.

Eintritt Gorm Grymme. Es zittert sein Gang,
Er schreitet wie im Traum,
Er starrt die schwarze Hall' entlang,
Die Lichter, er sieht sie kaum,
Er spricht: »Es weht wie Schwüle hier,
Ich will an Meer und Strand,
Reich meinen rotgoldenen Mantel mir
Und reiche mir deine Hand.«

Sie gab ihm um einen Mantel dicht,
Der war nicht golden, nicht rot,
Gorm Grymme sprach: »Was niemand spricht,
Ich sprech' es: Er ist tot.«
Er setzte sich nieder, wo er stand,
Ein Windstoß fuhr durchs Haus,
Die Königin hielt des Königs Hand,
Die Lichter loschen aus.

                                   Theodor Fontane

Swend Gabelbart

Swend Gabelbart, über Sund und Belt
Er siegreich das Zepter von Dänemark hält,
Seine Schiffe von Insel zu Insel ziehn,
Unterworfen ist Wendland und Julin,
Und nun gen Westen, über das Meer
Jagt er den Schrecken vor ihm her,
In die Themsemündung fährt er ein,
Ganz London ist ein Feuerschein.
Und nun zu Roß und nun zu Hauf,
Essex und Norfolk zieht er hinauf
Und mit Zechgenossen und Kumpanei
Reitet er ein in Sankt-Edmunds-Abtei.

Da sitzen sie nun die Hall' entlang,
Aus der Kirch klingt frommer Mönche Gesang.
»Was soll das Geplärr uns?« Und in die Kapell'n
Swend Gabelbart läßt seinen Marstall er stell'n,
Er mag sie nicht hören, die Litanein,
Lärm und Gewieher, so soll es sein,
In der Rosse Gestampf erlischt der Chor,
Swend aber lacht: »Die tun's euch zuvor,
Schüttet Hafer auf Sankt Edmunds Truh',
Er selber nickt euch den Segen dazu.«

Sankt Edmund, an schwarzgoldener Wand,
Hall' aufwärts in seiner Nische stand.
Einst war er König. Ein mattes Licht
Umspielt ihn flackernd; Swend aber spricht:

»Sankt Edmund, du schufst hier Kirch' und Abtei,
Dein Land, es ging verloren dabei,
Nun stehst du da, trägst mönchisch Gewand,
Hältst wie zum Spott ein Schwert in der Hand,
Ein zerbrochen Schwert; wenn recht ich seh',
Und doch, o König, warst König du je,
Du tätest jetzt ab deine Todesruh
Und kämst als ein Rächer auf mich zu,
Und ob zerbrochen auch dein Schwert,
Es wäre dir doch des Kampfes wert,
Aus dieser Hall' hier, aus diesem Haus
Auch mit stumpfem Schwerte triebst du mich aus.
Nie warst du König. Trotz Reif und Kron',
Ein Mönchsbild warst du bei Lebzeit schon.«

Swend Gabelbart schwieg. Im Kreise rundum
Ward es so still und ward es so stumm.
In der Nische das Licht immer düsterer brennt,
Da steigt es herab vom Postament,
Und tappt und tappt in steinernem Schuh,
Auf Swend Gabelbart schreitet Sankt Edmund zu,
Vorstreckt er sein zerbrochen Schwert,
»Nun, Swend, laß sehn, wer besser bewehrt.«
Aus des Königs Aug' ein Entsetzen spricht,
Er schlägt nach dem Schwert, sein Schwert zerbricht,
Das stumpfe Schwert, es traf ihn gut,
Swend Gabelbart liegt in seinem Blut,
Näher klingt der Mönche Gesang —
Sie tragen den Toten die Hall' entlang.

Fontane

Waldemar Atterdag

Und Waldemar (König Christophers Sohn),
Im Dome zu Ringstedt nahm er die Kron',
Nun führt er die Herrschaft mit kluger Hand
Über Dänemark=Meer und Dänemark=Land,
Nie faßt ihn Jähzorn, nie treibt ihn Eil',
»Erst wägen, dann wagen.« »Eile mit Weil'.«
Und ob es zur Tat ihn auch drängen mag,
Auf den andern Tag schiebt er's: »Atterdag!«

Und er fährt gen Jütland. Auf Schloß Aarhuus
Harrt er auf Huldigung und Gruß,
Auf Gruß des Adels. Der hält sich zurück;
Einer nur sprengt über die Brück';
»Um Gott, König Waldemar, auf und flieh',
In hellen Haufen kommen sie,
Sie zürnen dir schwer, weil du zubestimmst
Dem Bauer all das, was dem Adel du nimmst,
Sehstedt führt sie; von Viborg her
Kommen dreihundert oder mehr.
In den Sattel, König, und flieh' und jag'
Hin über die Heide.«... »Atterdag.«

Und ein Jahr und ein Tag, und auf Schloß Helsingör
Im Landsthing sitzt er und gibt Gehör;
Um ihn her seine Räte; da stürmt in den Saal
Erik Swensen, sein Erster Admiral.

»Eile dich, König. Zu dieser Stund'
Fahren die Lübischen in den Sund,
Zwischen Insel Amak und Insel Hveen
Sind siebenundzwanzig Segel zu sehn,
An der Spitze »Seekuh«, ihr bestes Schiff,
Greif zu, wie dein Vater einst sie griff.
Sie kommen wie Räuber. Nach Gut und Blut
Dürsten sie. Zertritt ihre Brut,
Vernichte sie mit einem Schlag.«
»Erst wägen, dann wagen . . . Atterdag.«

Und wieder ein Jahr auf Schloß Wordingborg
In Stille sitzt er und doch in Sorg',
In Sorg' um Heilwig. Auf seinem Sinn
Lastet die schöne Königin.
Es heißt, sie sei krank, ohne Schlaf ihre Ruh',
Aber ein Kämmerling flüstert ihm zu:
»Der Königin Krankheit ist Lug, ist Schein,
Sten Sture geht lachend aus und ein,
Er ist noch ein Knabe, noch halb ein Kind,
Das lieben die Frauen, wie Frauen sind.
Auf, Waldemar, stör' ihre Lust, ihre List,
Zeige, daß du der König bist,
Überrasche Schön-Heilwig, erforsche sie, frag'.«
»Es würde sie töten . . . Atterdag.«

Und die Jahre gehn und in Rosfild-Abtei
Todkrank liegt Waldemar, Gott steh' ihm bei,
Sein Blick ist erloschen, fahl sein Gesicht,
Erzbischof Ansgar aber spricht:

»Alle Sünde, die dich quält und brennt,
Es löscht sie Beicht' und Sakrament,
Und willst du dein Gewissen still'n,
Hier bin ich, sprich deinen letzten Will'n,
Unsre Kirch' ist arm, wer sie speist und tränkt,
Des auch die Kirch' in Liebe gedenkt,
Dein Spruch war immer: ‚Eile mit Weil',
Aber jetzt eilt es mit deinem Heil,
Säen ist ernten, und Opfer Ertrag;
Säe, König.«

>> »Atterbag.«

Fontane

Die Glocken zu Speier

Zu Speier im letzten Häuselein,
Da liegt ein Greis in Todespein,
Sein Kleid ist schlecht, sein Lager hart,
Viel Tränen rinnen in seinen Bart.

Es hilft ihm keiner in seiner Not;
Es hilft ihm nur der bittre Tod.
Und als der Tod ans Herze kam,
Da tönt's auf einmal wundersam.

Die Kaiserglocke, die lange verstummt,
Von selber dumpf und langsam summt,
Und alle Glocken groß und klein
Mit vollem Klange fallen ein.

Da heißt's in Speier weit und breit:
Der Kaiser ist gestorben heut'!
Der Kaiser starb, der Kaiser starb;
Weiß keiner, wo der Kaiser starb?

Zu Speier, der alten Kaiserstadt,
Da liegt auf goldner Lagerstatt
Mit mattem Aug' und matter Hand
Der Kaiser, Heinrich der Fünfte genannt.

Die Diener laufen hin und her,
Der Kaiser röchelt tief und schwer,
Und als der Tod ans Herze kam,
Da tönt's auf einmal wundersam.

Die kleine Glocke, die lange verstummt,
Die Armesünderglocke summt,
Und keine Glocke stimmt mit ein,
Sie summt so fort und fort allein.

Da heißt's in Speier weit und breit:
Wer wird denn wohl gerichtet heut'?
Wer mag der arme Sünder sein?
Sagt an, wo ist der Rabenstein?

Der

Karl I.

Im Wald, in der Köhlerhütte sitzt
Trübsinnig allein der König;
Er sitzt an der Wiege des Köhlerkinds
Und wiegt und singt eintönig:

» Eiapopeia, was raschelt im Stroh?
Es blöken im Stalle die Schafe —
Du trägst das Zeichen an der Stirn
Und lächelst so furchtbar im Schlafe.

Eiapopeia, das Kätzchen ist tot —
Du trägst auf der Stirne das Zeichen —
Du wirst ein Mann und schwingst das Beil,
Schon zittern im Walde die Eichen.

Der alte Köhlerglaube verschwand,
Es glauben die Köhlerkinder —
Eiapopeia — nicht mehr an Gott —
Und an den König noch minder.

Das Kätzchen ist tot, die Mäuschen sind froh —
Wir müssen zu Schande werden —
Eiapopeia — im Himmel der Gott,
Und ich, der König auf Erden.

Mein Mut erlischt, mein Herz ist krank,
Und täglich wird es kränker —
Eiapopeia, du Köhlerkind,
Ich weiß es, du bist mein Henker.

Mein Todesgesang ist dein Wiegenlied —
Eiapopeia — die greisen
Haarlocken schneidest du ab zuvor —
Im Nacken klirrt mir das Eisen.

Eiapopeia, was raschelt im Stroh?
Du hast das Reich erworben,
Und schlägst mir das Haupt vom Rumpf herab —
Das Kätzchen ist gestorben.

Eiapopeia, was raschelt im Stroh?
Es blöken im Stalle die Schafe.
Das Kätzchen ist tot, die Mäuschen sind froh —
Schlafe, mein Henkerchen, schlafe!«

Heine

Der Scheik am Sinai

Im Spätjahr 1830

»Tragt mich vors Zelt hinaus samt meiner Ottomane!
Ich will ihn selber sehn! — Heut kam die Karawane
Aus Afrika, sagt ihr, und mit ihr das Gerücht?
Tragt mich vors Zelt hinaus! wie an den Wasserbächen
Sich die Gazelle letzt, will ich an seinem Sprechen
Mich letzen, wenn er Wahrheit spricht.«

Der Scheik saß vor dem Zelt, und also sprach der Mohre:
»Auf Algiers Türmen weht, o Greis! die Trikolore;
Auf seinen Zinnen rauscht die Seide von Lyon;
Durch seine Gassen dröhnt frühmorgens die Reveille,
Das Roß geht nach dem Takt des Liedes von Marseille —
Die Franken kamen von Toulon!

Gen Süden rückt das Heer in blitzender Kolonne;
Auf ihre Waffen flammt der Barbaresken Sonne,
Tuneser Sand umweht der Pferde Mähnenhaar.
Mit ihren Weibern fliehn die knirschenden Kabylen;
Der Atlas nimmt sie auf, und mit dem Fuß voll Schwielen
Klimmt durchs Gebirg das Dromedar.

Die Mauren stellen sich; vom Streit gleich einer Esse
Glüht schwül das Defilee; Dampf wirbelt durch die Pässe;

Der Leu verläßt den Rest des halbzerriss'nen Rehs.
Er muß sich für die Nacht ein ander Wild erjagen —
Allah! — Feu! En avant! — Keck bis zum Gipfel schlagen
Sich durch die Aventuriers.

Der Berg trägt eine Kron' von blanken Bajonetten;
Zu ihren Füßen liegt das Land mit seinen Städten
Vom Atlas bis ans Meer, von Tunis bis nach Fes.
Die Reiter sitzen ab; ihr Arm ruht auf den Kruppen;
Ihr Auge schweift umher; aus grünen Myrtengruppen
Schaun dünn und schlank die Minaretts.

Die Mandel blüht im Tal; mit spitzen dunklen Blättern
Trotzt auf dem kahlen Fels die Aloe den Wettern,
Gesegnet ist das Land des Beis von Tittery.
Dort glänzt das Meer; dorthin liegt Frankreich. Mit den
                                    bunten
Kriegsfahnen buhlt der Wind. Am Zündloch glühn die Lunten;
Die Salve kracht — so grüßen sie!«

»Sie sind es!« ruft der Scheik — »Ich focht an ihrer Seite!
O Pyramidenschlacht! o Tag des Ruhms, der Beute!
Rot, wie dein Turban, war im Nile jede Furt. —
Allein ihr Sultan? sprich!« er faßt des Mohren Rechte;
»Sein Wuchs, sein Gang, sein Aug'? sahst du ihn im Gefechte?
Sein Kleid?« — Der Mohr greift in den Gurt.

»Ihr Sultan blieb daheim in seinen Burggemächern;
Ein Feldherr trotzt für ihn den Kugeln und den Köchern;

Ein Aga sprengt für ihn des Atlas Eisentür.
Doch ihres Sultans Haupt siehst du auf diesem blanken
Goldstück von zwanzig Francs. Ein Reiter von den Franken
Gab es beim Pferdehandel mir!«

Der Emir nimmt das Gold, und blickt auf das Gepräge,
Ob dies der Sultan sei, dem er die Wüstenwege
Vor langen Jahren wies; allein er seufzt und spricht:
»Das ist sein Auge nicht, das ist nicht seine Stirne!
Den Mann hier kenn' ich nicht! Sein Haupt gleicht einer
                          Birne!
Der, den ich meine, ist es nicht!«
Freiligrath

Die Söhne Haruns

Harun sprach zu seinen Kindern Assur, Assad, Scheherban:
»Söhne werdet ihr vollenden, was ich kühnen Muts begann?
Seit ich Bagdads Thron bestiegen, bin von Feinden ich um=
                        geben!
Wie befestigt ihr die Herrschaft? Wie verteidigt ihr mein
                        Leben?

Assur ruft, der feurig schlanke: »Schleunig werb’ ich dir ein
                        Heer,
Zimmre Masten, webe Segel! Ich bevölkre dir das Meer!
Rosse schul’ ich. Säbel schmied’ ich. Ich erbaue dir Kastelle.
Dir gehören Stadt und Wüste! Dir gehorchen Strand und
                        Welle!«

Assad mit der schlauen Miene sinnt und äußert sich bedächtig:
»Sicher schaff’ ich deinen Schlummer, Sorgen machen über=
                        nächtig.
Daß du dich des Lebens freuest, bleibe, Vater, meine Sache!
Über jedem deiner Schritte halten hundert Augen Wache!

Wirte, Kuppler und Barbiere, jedem setz’ ich einen Sold,
Daß sie alle mir berichten, wer dich liebt und wer dir grollt.«
Harun lächelt. Zu dem Jüngsten, seinem Liebling, sagt er:
                        »Ruhst du?
Wie beschämst du deine Brüder? Zarter Scheherban, was
                        tust du?«

»Vater,« redet jetzt der Jüngste, keusch errötend, »es ist gut,
Daß ein Tropfen rinne nieder warm ins Volk aus deinem
Blut!
Über ungezählte Lose bist allmächtig du auf Erden,
Das ist Raub an deinen Brüdern — und du wirst gerichtet
werden!

Dein erhaben Los zu sühnen, das sich türmt den Blitzen zu,
Laß mich in des Lebens dunkle Tiefen niedertauchen du!
Such mich nicht! Ich ging verloren! Sende weder Kleid
noch Spende;
Wie der Ärmste will ich leben von der Arbeit meiner Hände!

Mit dem Hammer, mit der Kelle laß mich, Herr, ein Maurer
sein!
Selber maur' ich mich in deines Glückes Grund und Boden
ein!
Jedem Hause wird ein Zauber, daß es unzerstörlich dauert,
Etwas Liebes und Lebend'ges in den Grundstein einge=
mauert!

Hörest du die Straße rauschen unter deinem Marmorschloß?
Morgen bin ich dieser Menge namenloser Tischgenoss' —
Blickst du nieder auf die vielen Unbekannten, die dir dienen,
Einer segnet dich vom Morgen bis zum Abend unter ihnen!«

Meyer

Ritter, Bürger, Bauern

Der Marschall

Ich hörte ein Lied, das ich nicht verstand,
Und lernte es spät verstehen:
Nie hebe der Adel Herz und Hand
Gegen den Herrn der Lehen.

Herr der Lehen der König ist,
Knechte nur sind vermessen,
Und wer des Richters dort oben vergißt,
Der wird leicht selber vergessen.

Treu dem König und seinem Sohn,
Treu in Palast und Hütte,
Treu dem Schwerte, treu der Kron',
Das ist Adels Sitte.

Lang und hager, in Gold und Seide,
Das Ordensband über dem Marschallskleide,

Hat er im Schlosse Tag und Nacht
Seines Königs Majestät bewacht.

Sein Ohm war Marschall, sein Vater dann,
Er als dritter den Stab gewann.

Alt seine Treue wie sein Geschlecht,
Graf Königstein diente dem Könige recht.

Durch die Marmorsäle schritt er einher,
Sein Fuß so leicht, sein Herz so schwer.

Vom König sein Degen, dem König sein Sinn,
Sein Herz, sein Herz der Königin.

Er hat keinen Schritt, keinen Blick gewagt,
Er hat kein einziges Wort gesagt,

Aber eines Tages, — die Sonne schien heiß,
Und die Sonne weiß vieles, was ich nicht weiß,

Aber eines Tages er ging in das Tor,
Und die Königswache stand davor,

Er ging in seines Fürsten Haus, —
Niemals kam er wieder heraus.

Es schwieg der König, nichts wußte der Troß,
Und nichts die Wache vorm Königsschloß. —

Der Ältste des Hauses im Schlosse Rot-Haag
Rief das Geschlecht zum Familientag.

Da kamen und saßen in Hall und Saal
Der vom Ulenhang und der Grotendal,

Der vom Rhein und der von Sassenfähre
Ratschlagten, was zu beginnen wäre.

Und Assa Königstein, der junge,
Begann in zornigem Überschwunge:

»Die Neuenburger hassen wie wir
Den König, und sie vertrauen dir!

Sie sagen, der König hätt' es getan,
Sie woll'n im Streite bei uns stahn.

Seit wann ist edeles Blut so gering,
Daß man es schlachtet ohn' Spruch und Thing?

Laßt uns gegen den König gehn,
Die Bürger von Neuenburg zu uns stehn!«

Sprach der älteste Graf von Königstein:
»Herr Vetter, wollet mir verzeihn:

Adel ist recht, und Bauer ist gut,
Aber ich hasse unedeles Blut.

Adel ist gut, und Bauer ist recht,
Aber ich hasse das kleine Geschlecht!

Seit wann ist Adelsblut so gering,
Daß es mit dem Krämer ging?

Was der Vetter verschuldet, wir wissen es nicht,
Königes Sache ist das Gericht!

So laßt uns von Geschlechtes wegen
Die Unbill gegen die Gnade wägen,

Was wir waren, wir wollen es sein:
Dem König dienen und ihm allein!

Und ist's euch recht, so melde sofort
Du dich an des Verschollenen Ort,

Trage sein Amt und seine Pflichten,
Abel soll nicht den König richten!« — —

Lang und hager in Gold und Seide,
Das Ordensband über dem Marschallskleide,

Geht im Schlosse aus und ein
Der junge Graf von Königstein.

Vom alten hat er den leisen Gang,
Die schmalen Nüstern, der Stimme Klang.

Die alte Treue, das alte Geschlecht, —
Die Königstein dienten dem Fürsten recht.

Keine Silbe hat der König gesagt,
Er hat kein armes Wort gewagt.

Nur zuweilen, wenn sich der Schatten stiehlt
Ins Zimmer: »Majestät mein König befiehlt?«

Hat's ihn durchzuckt wie ein heimlicher Schlag, —
König Alfred starb binnen Jahr und Tag.

Ich hörte ein Lied, das ich nicht verstand,
Und lernte es spät verstehen:
Nie hebe der Adel Herz und Hand
Gegen den Herrn der Lehen.

Herr der Lehen der König ist,
Knechte nur sind vermessen,
Du diene treu zu jeder Frist,
Gott hat noch nichts vergessen!

Münchhausen

Das Fegefeuer des westfälischen Adels

Wo der selige Himmel, das wissen wir nicht,
Und nicht, wo der greuliche Höllenschlund,
Ob auch die Wolke zittert im Licht,
Ob siedet und qualmet Vulkanes Mund;
Doch, wo die westfälischen Edeln müssen
Sich sauber brennen ihr rostig Gewissen,
Das wissen wir alle, das ward uns kund.

Grau war die Nacht, nicht öde und schwer,
Ein Aschenschleier hing in der Luft;
Der Wanderbursche schritt flink einher,
Mit Wollust saugend den Heimatduft;
O bald, bald wird er schauen sein Eigen,
Schon sieht am Lutterberge er steigen,
Sich leise schattend, die schwarze Kluft.

Er richtet sich, wie Trompetenstoß
Ein Holla ho! seiner Brust entsteigt —
Was ihm im Nacken? — Ein schnaubend Roß,
An seiner Schulter es rasselt, keucht,
Ein Rappe — grünliche Funken irren
Über die Flanken, die knistern und knirren,
Wie wenn man den murrenden Kater streicht.

»Jesus Maria!« — er setzt seitab,
Da langt vom Sattel es überzwerch —

Ein eherner Griff, und in wüstem Trab
Wie Wind und Wirbel zum Lutterberg!
An seinem Ohre hört er es raunen
Dumpf und hohl, wie gedämpfte Posaunen,
So an ihm raunt der gespenstige Scherg':

»Johannes Deweth! ich kenne dich!
Johann! du bist uns verfallen heut!
Bei deinem Heile, nicht lach' noch sprich
Und rühre nicht an, was man dir beut;
Vom Brote nur magst du brechen in Frieden,
Ewiges Heil ward dem Brote beschieden,
Als Christus in froner Nacht es geweiht!« —

Ob mehr gesprochen, man weiß es nicht,
Da seine Sinne der Bursch verlor,
Und spät erst hebt er sein bleiches Gesicht
Vom Estrich einer Halle empor;
Um ihn Gesumme, Geschwirr, Gemunkel,
Von tausend Flämmchen ein mattes Gefunkel
Und drüber schwimmend ein Nebelflor.

Er reibt die Augen, er schwankt voran;
An hundert Tischen, die Halle entlang,
All edle Geschlechter, so Mann an Mann;
Es rühren die Gläser sich sonder Klang,
Es regen die Messer sich sonder Klirren,
Wechselnde Reden summen und schwirren
Wie Glockengeläut', ein wirrer Gesang.

Ob jedem Haupte des Wappens Glast,
Das langsam schwellende Tropfen speit,
Und wenn sie fallen, dann zuckt der Gast
Und drängt sich einen Moment zur Seit';
Und lauter, lauter dann wird das Rauschen,
Wie Stürme die zornigen Seufzer tauschen,
Und wirrer summet das Glockengeläut'.

Strack steht Johann wie ein Lanzenknecht,
Nicht möchte der gleißenden Wand er traun,
Noch wäre der glimmernde Sitz ihm recht,
Wo rutschen die Knappen mit zuckenden Brau'n.
Da muß, o Himmel, wer sollt' es denken!
Den frommen Herrn, den Friedrich von Brenken,
Den alten stattlichen Ritter, er schaun.

»Mein Heiland, mach' ihn der Sünden bar!«
Der Jüngling seufzet in schwerem Leid:
Er hat ihm gedienet ein ganzes Jahr;
Doch ungern kredenzt er den Becher ihm heut!
Bei jedem Schlucke sieht er ihn schüttern,
Ein blaues Wölkchen dem Schlund entzittern,
Wie wenn auf Kohlen man Weihrauch streut.

Oh, manche Gestalt noch dämmert ihm auf,
Dort sitzt sein Pate, der Metternich,
Und eben durch den wimmelnden Hauf
Johann von Spiegel, der Schenke, strich;
Prälaten auch, je viere und viere,
Sie blättern und rispeln im grauen Breviere,
Und zuckend krümmen die Finger sich.

Und unten im Saale, da knöcheln frisch
Schaumburger Grafen um Leut' und Land;
Graf Simon schüttelt den Becher risch
Und reibt mitunter die knisternde Hand;
Ein Knappe nahet, er surret leise —
Ha, welches Gesumse in weitem Kreise,
Wie hundert Schwärme an Klippenrand!

»Geschwind den Seſſel, den Humpen wert,
Den schleichenden Wolf*) geschwinde herbei!«
Horch, wie es draußen raſſelt und fährt!
Barhaupt stehet die Maſſonei,
Hundert Lanzen dringen nach binnen,
Hundert Lanzen und mitten darinnen
Der Aſſeburger, der blutige Weih!

Und als ihm alles entgegenzieht,
Da spricht Johannes ein Stoßgebet:
Dann risch hinein! sein Ärmel sprüht,
Ein Funkeln über die Finger ihm geht —
Voran — da »ſieben« schwirren die Lüfte,
»Sieben, sieben, sieben,« die Klüfte,
»In sieben Wochen, Johann Deweth!«

Der sinkt auf schwellenden Rasen hin
Und schüttelt gegen den Mond die Hand,
Drei Finger, die bröckeln und stauben hin,
Zu Asch' und Knöchelchen abgebrannt.
Er rafft sich auf, er rennt, er schießet,
Und, ach, die Vaterklause begrüßet
Ein grauer Mann, von keinem gekannt,

---

*) Der schleichende Wolf ist das Wappen der Familie Aſſeburg.

Der nimmer lächelt, nur des Gebets
Mag pflegen drüben im Klosterchor,
Denn »sieben, sieben,« flüstert es stets
Und »sieben Wochen« ihm in das Ohr.
Und als die siebente Woche verronnen,
Da ist er versiegt wie ein dürrer Bronnen —
Gott hebe die arme Seele empor!

Droste-Hülshoff

Auszug

Vom Bergkamm schwebt der Nebel auf
Und klettert ins Geäst der Tannen,
Und aus des Hohlwegs steilem Lauf
Treibt ihn gemach der West von dannen.
Da taucht ein Fähnlein sacht hervor
Und eisenfest der Venner dann —
In Wehr und Waffen steigt empor
Des Städtleins Auszug Mann für Mann.

Sie lüften mit beschuhter Hand
Den Eisenhut, breitbeinig stehend
Und nah vor sich im Unterland
Ihr starkgetürmtes Nest erspähend:
Grad rückt's aus Silbermorgenduft
Ins linde goldne Sonnenlicht
Und dehnt sich schimmernd in die Luft
Mit Toren, Markt und Hochgericht.

Der Schneider Hans ruft: »Meiner Treu,
Es tanzt ein Rauch auf meinem Häuschen,
Jetzt kocht die Ursel Haferbrei
Und stopft und wiegt das kleine Mäuschen!«
Da spottet lachend Heini Schwend:
»Das wär' dir baß ein Zeitvertreib
Als Marsch und Krieg! Lauf heim behend
Und trockne Windeln mit dem Weib!«

239

Der Seiler Jost schreit: »Christi Pein
Und seiner Marter sieben Wunden!
Gesell und Lehrbub gehn am Rain
Und gaukeln mit den jungen Hunden.
Doch — Tod und Pest! — bin ich erst heil
Zurück von dem verdammten Zug,
Dann spürt der Gauch ein vierfach Seil
Und auch der Lehrbub kriegt genug!«

Sie lachen. Nur Wolff Siebenhaar
Blickt abseits schweigend in die Lande:
Ein Fensterlein winkt klein und klar
Vom Giebelhaus am Mauerrande.
Dort hat er nächtens Stund um Stund,
In Elsleins weißem Arm verbracht;
Noch fühlt er ihren warmen Mund,
Noch hört er's wie sie goldig lacht!

Der Venner hebt im Morgenwehn
Das Fähnlein auf zur Weiterfahrt —
Nur noch ein kurzes Rückwärtssehn,
Dann stehn sie, Mann zu Mann geschart.
Der Pfeifer bläst ein lustig Spiel,
Sie schreiten fest und wohlgemut —
Sie lagen alle, bleich und kühl,
Am nächsten Tag im roten Blut.

Frey

Die Sendlinger Bauernschlacht

(1705)

Nun wollen wir aber heben an,
Von einer Christnacht melden,
Aus den Bergen ziehn gen München heran
Fünftausend männliche Helden.
Der Gemsbart und der Spielhahnschweif
Sind drohend gerückt nach vorne,
An ihren Bärten klirrt der Reif,
Ihr Auge glüht vor Zorne;
Sie schwenken die Sense, die Keule, das Schwert,
Fünfhundert sind mit Büchsen bewehrt,
Und wie die Schneelahn wächst die Schar
Von den Bergen rollend im Monde klar.
Ein Fähnlein himmelblau und weiß
Trägt vor dem Zug ein riesiger Greis;
Das ist der stärkste Mann des Lands,
Der Schmied von Kochel, der Meier=Hans;
Von seinen Söhnen sieben
Ist keiner zu Haus geblieben.

»O Kurfürst Max Emanuel,
Wir müssen's bitter klagen,
Daß du für Habsburg Leib und Seel'
So oft zu Markt getragen!

Du Belgradstürmer, du Mohrentod,
Du mußtest ins Elend wandern
Und brichst französisch Gnadenbrot
Zu Brüssel jetzt in Flandern.
Es irrt dein Weib auf der Landesflucht,
Deine Waisen weinen in Feindes Zucht,
Gebrandschatzt darben die reichen Gaun,
Man sengt die Fluren, man schändet die Fraun,
Man rädert die Männer um leisen Verdacht,
Man reißt die Söhne vom Stroh zur Nacht,
Sie nach Ungarn zu trommeln ins heiße Blei —
Das Maß ist voll, es birst entzwei;
Drum lieber bayrisch sterben,
Als kaiserlich verderben!

Auch hat die Münchener Bürgerschaft
Uns einen Brief geschrieben,
Daß sie mit ungebrochner Kraft
In Treue fest geblieben.
Wenn wir den roten Isarturm
Nach Mitternacht berennten,
Erhöben drinnen sich zum Sturm
Die Bürger und Studenten.
Denn wie den letzten, teuersten Schatz
Vergruben sie am geheimsten Platz,
Was ihnen geblieben an Waffen und Wehr.
Sie sprechen am Tage sich nimmermehr,
Doch tief in den Kellern bei Fackelbrand
Reicht sich die ganze Stadt die Hand;

Allnächtens zieht von Haus zu Haus
Ein unterirdisches Gebraus,
Ein: lieber bayrisch sterben,
Als kaiserlich verderben!

Wir klopfen ans Tor, nun laßt uns ein!« —
Da geht von den Wällen ein Blitzen,
Und feurigen Tod zum Willkommen spein
Gutkaiserliche Haubitzen;
Und Straßen auf und Straßen ab
Musketen und Granaten —
Wer hat die Landsleut an das Grab,
An Österreich verraten?
Der Pfleger von Starnberg war der Wicht!
Mein Lied nenn' seinen Namen nicht,
Verdammnis und Vergessenheit,
Begrab' ihn heut und allezeit,
Sein Kleid sei gelb, sein Haar sei rot,
Sein Stammbaum des Jschariot! —
In Tränen flucht die Bürgerschaft,
Ihr blieb keine Klinge, kein Rohr, kein Schaft;
Sie ward in wenig Stunden
Entwaffnet und gebunden.

»Doch spiel die Höll' aus dem roten Turm:
Der Landsturm von den Bergen,
Er nimmt die Münchner Stadt mit Sturm
Trotz Kaiser Josephi Schergen!«

243

Die Brücke dröhnt, die Nacht wird hell,
Hie Wirbeln, Schreien, Knallen,
Vom »Hurra Max Emanuel!«
Die Gassen widerhallen.
Schon rief der Feldmarschall von Wendt:
»Die Sache nimmt ein schlechtes End';
Wo bleibt des Kriechbaums Reiterei?
Ich rief sie doch im Flug herbei!«
Da rasselten über den Brückenkopf
Mit rotem Mantel und doppeltem Zopf
Die fremden Schwadronen die Kreuz und die Quer,
Von den Wällen schlugen die Bomben schwer,
Die Landsleut in der Mitten,
Die haben viel hart gestritten.

Sie flohen über die Heide breit,
Durch tiefverschneite Fluren,
Im Rücken und an jeder Seit'
Kroaten und Panduren.
Dort sind wohl ihrer tausend und meh
Unter Rossehufe gesunken
Und haben den blutigen Weihnachtsschnee
Als Wegzehrung getrunken.
Ein Friedhof steht am Hügelrand,
Den erklommen die Bauern mit Knie und Hand,
Auf dem Glatteis ringend im Einzelkampf
Unter Kolbenstößen im Pulverdampf,
Bis von dem Blut der treuen Schar
Der steile Hof erklettert war.

Da stieß in ein verschneites Grab
Der greise Schmied den Fahnenstab:
»Hie lieber bayrisch sterben,
Als kaiserlich verderben!«

Heiß kochte der Schnee, die Nacht war lang,
Durchs Knattern der Musketen
Zog sich's wie Orgel und Glockenklang,
Wie fernher wanderndes Beten.
Und ein Bauer ein weißes Tuch aufband,
Er tat's an der Sense schwenken,
Er mußte des Jammers im bergigen Land,
Der Witwen und Waisen gedenken.
»Von der Zugspitz bis zum Wendelstein
Nur Sturmgeläut und Feuerschein,
Derweil zwischen Hufschlag, Schnee und Blei
Wir fruchtlos fallen vor Hahnenschrei.
Wir haben's verspielt ohne Nutz und Lohn,
Drum, feindlicher Obrist, gib uns Pardon,
Daß die dreihundert, die wir noch sind,
Heimziehen dürfen zu Weib und Kind —«
Drauf ist unter Blitz und Knallen
Der Sprecher vom Stein gefallen.

Da schlossen ums brennende Gotteshaus
Die Landsleut eine Kette
Und knallten und schrien in die Welt hinaus
Eine furchtbare Weihnachtsmette.
Als der Hahn im Dorfe zu krähen begann,
War all ihr Blei verschossen,

Sie hingen würgend Mann an Mann
Auf den schäumenden Ungarrossen;
Und als an die Glocken der Frühwind fuhr,
Da stand von den Bauern ein einziger nur,
Das war des stärkste Mann des Lands,
Der Schmied von Kochel, der Meier-Hans;
Mit einer Keule von Eisenguß
Drasch er sie nieder zu Pferd und zu Fuß,
Doch als die Sonne zur Erde sah,
Seine sieben Söhne lagen da
Ums Fähnlein, das zerfetzte;
Der Vater war der letzte.

Nun tröst euch Gott im Himmelreich,
Ihr abgeschiednen Seelen!
Es wird von solchem Bauernstreich
Noch Kindeskind erzählen.
Wohl manch ein Mann, wohl manch ein Held
Geht um in deutschen Weisen,
Wir wollen den, der Treue hält,
Vor allen andern preisen,
Der trotz Verrat und Hochgericht
Von seinem Wort kein Jota bricht.
Jetzt aber sagt, wo kehren wir ein?
Ich denk', heut soll's in Sendling sein.
Vorbei am Friedhof führt die Straß',
Da grüßen wir unters verschneite Gras:
»Hie lieber bayrisch sterben,
Als kaiserlich verderben!«

Hopfen

Die Vorzeichen

(Aus dem großen Bauernkrieg)

Hell in Schloß Helfenstein strahlt der dunkelgebälkige Saal,
Dicht ist die Tafel bestellt mit Schale bei Schale, Pokal bei
Pokal,
Die Tücher glänzen gestickt mit Säumen und Borten,
Forelle prunkt und Kapaun, bunt glitzern Konfekte und Torten,
Laub grünt über den Tisch, schwer blauen italische Trauben;
Langhin sitzen die Herrn in damastnen Wämsern und
Schauben,
Wie um den Korb rauscht ein Volk von Immen,
Sirren und summen wirr durcheinander die Stimmen,
Verquer über Tisch anklingen Krüge und Gläser,
Hahnstein und Rotenhorn schwanken wie windgewehte Schilf=
gräser.
Von gesalzner Speise ist Zung und Hirn gebeizt,
Und die Antlitze glühen von Weinen und Bieren geheizt.
Da wird sacht
Vor dem mittaghellen Fenster gelbe Nacht.
In weißen Wänden
Stehn Wetter auf und verblenden,
Doch sie achten nicht
Das zuckende Licht,
Da rollen die Diener ein neues Faß Wein daher,
Und des Stühlingers Zunge lallt schwer:
»Ich wollt', daß das rumplige Faß ein bäuchiger Bauer wär',

Der würde mir zu Kurzweil und Fest
Ausgekeltert und ausgepreßt,
Seine Adern sollten laufen,
Das wär' mir ein weidliches Saufen!«
Und stößt an das Faß mit dem Fuß:
»Gott zum Gruß,
Heda, du hölzerner Bauer, dein Blut ist dein Wein,
Auch du sollst mir leibeigen sein!«

Aufstiebt Gejauchz und Gejohl:
»Stühlinger, Bruder, dein Wohl!«
Und während der Weiler voll Lust mit der Faust einen Wirbel
                              klirrt auf den eichenen Tisch,
Daß drauf einen Hopser tanzt das Fleisch mit dem Obst, und
                              der Wein mit dem Fisch,
Hau'n sie, von stampfender Wut gepackt,
Auf den hölzernen Leib mit den eisernen Schuh'n einen
                              hämmernden Takt, —
Da bricht aus der Faßwand ein Stück.
Wein träuft
Und trieft und läuft, —
Die rings fahren zurück.
Aber der Stühlinger lacht laut auf und schwingt
Sein Glas: »So schenk' ich mir eins aus der Wunde
Und mache nun wahr mein Wort!«
Füllt, fährt zum Munde,
Und trinkt.
Aber fort
Im Bogen weit
Wirft er das Glas, speit

Wieder den Trunk und schlottert und schreit:
»Im Faß ist Blut!«

Da geschieht draußen ein Schlag,
Daß die Scheiben rasselnd zersplittern,
Und die Luft ist weiß vom Gewittertag
Und weißt die Häupter den weinroten Rittern.
Strahl auf Strahl
Schnellt tief in die Halle und spiegelt sich scheinend auf Krug
                                    und Pokal,
Und sieh, da hat sich schon einer mit langen
Feuern hoch im Gebälk verfangen,
Und sieh, er versprüht nicht, er schwebt, er flammt,
Und wieder einer, und aber, und noch einmal,
Schlag auf Schlag brennt herab und glüht eingerammt,
Grauen
Schreit aus dem Türeck, wo die Ritter sich stauen; —

Blitze wie Sicheln Gottes, prangen
Entlang die Decke, funkelnd und fahl,
Bauernsicheln vom Himmel hangen
Drohend herab, herein in den Saal.

Lissauer

Die Mauer=Ballade

Monteton, wo ist deine Mauer?
Chalençon, wo ist dein Schwert?
Wo ist dein Turm, Tournefort?

Schwerter des Adels, wie schnitten sie glatt und gut,
Schwerter des Adels stumpften im dicken Plebejerblut.

Tourneforts Turm ist schwarz und leergebrannt,
Seines Turmhelms seidene Wappenfahne verbannt.

Und über die Mauer des Schlosses der Monteton
»Vive le son!«
Flattern blutige Fetzen des Liedes
»Vive le son des canons!«

Diesseits der Mauer kämpft ein Edelmann,
Tollkühn und hoffnungslos und stets voran, —
Wozu? — Rot wird der Erde grüner Grund,
Bitter, bitter, bitter lacht sein Mund.
Jenseits der Mauer heult ein schmutzig Meer
In gierigen, greifenden, feigen Wellen her, —

Diesseits, jenseits — wer wußte am Abend das noch?
Die Mauer lag, die Luft nach Kräutern roch,
Mauerzinne: — ein umgesunkener Friedhofstein,
Klageweiber, die Wolken, weinten Tränen ins Gras hinein,
Flackernde Leichenlichter: — Turm, Giebel und Balkon,
Bahre der Pflasterstein für den Monteton.

Von den Hunden der Gasse besiegt und todeswund, —
Bitter, bitter, bitter lacht sein Mund.

Monteton, wo ist deine Mauer?
Chalençon, wo ist dein Schwert?
Wo ist dein Turm, Tournefort?

Mauer ist uns der Richter, vom König bestallt,
Schwert ist uns des Heeres Kolonnengewalt,
Turm die Kirche, — steil ist der Turm und alt!

Doch in Notre Dame auf dem Hochaltar
Ein nacktes Weib bringt schändliche Opfer dar,
Eine nackte Dirne lärmt, kreischt und singt,
Gebrüll von Trunkenen wirr den Dom durchdringt.

Und Richter, — ja Richter sind wohl da,
Wie sie verruchter kein menschliches Auge sah!
Ein Metzger mit blutiger Schürze sitzt vor,
Der Lüge gehört sein fleischiges Ohr,
Beisitzer: Zuhälter und Pferdeknecht,
Ankläger ein Dieb, — der klagt wohl recht!
Und Spruch auf Spruch, wie die Sichel surrt und droht:
Zum Tod!
Zum Tode alles, was edel und still,
Zum Tode Cadore, zum Tode d'Anville,
Zum Tode alles, was besser als sie,
Zum Tode Clermont und Normandie,
Zum Tod!
Spruch auf Spruch die Sichel surrt und droht.

Monteton, wo ist deine Mauer?! —

Die Keller des Temple sind tief, ja tief,
Tiefer das Leid, das darinnen zu Ende lief!

Halbfaul ist der Korb, doch die greise Herzogin ruht
Nicht stolzer im Thron, als auf dem verworfenen Gut,
Und um sie stehen Marschall und Komtur,
Die alten Namen des Hofes, die Dames d'atour,
Und neigen sich zierlich und lächeln leicht und frei.

Räder donnern oben am Fenster vorbei,
Das Pflaster dröhnt,
Das Singen tönt:
»Vive le son des canons!«

Das Heulen von Hunden, die ihre Ketten zerrissen,
Das Brüllen von denen, die nicht zu feiern wissen,
Der Schrei des Gemeinen, der Edles vernichten will, —

Aber drunten ist's hell und still.
Keine Stimme wird blaß, keine Wimper bebt,
Sie erleben den Tod, wie sie das Leben gelebt!

Eine schreckliche Uhr ist die Kerkertür,
Jede halbe Stunde knarrt sie gräßlich,
Le Coucou, der Henker, langarmig, häßlich,
Le Coucou tritt herfür,
Der nicht die Jahre des Lebens mehr zählt,
Nicht mehr die Monde, bis du vermählt,
Comtesse de Neuilly!

Tief beugt vor der Herzogin sie das feine Knie,
Und mit ihr Damen des Hofes drei und viere,
Und mit ihr neigen sich tief die Kavaliere,
Und sie steht mit lächelnden Lippen da:
»Monsieur le bourreau, votre bras!«

Der Weg durch Paris, der Weg zum Tod, —
Wellen des Liedes fluten heiß und rot:
»Vive la carmagnole!«
Aber ihnen ist wohl,
Sie gehen zum Tod ohne Zögern und Zaudern,
Sie gehen dahin und lachen und plaudern,
Sie wissen: was jetzt sie zusammenhält,
Das ist eine Mauer, hoch wie die Welt,
Alle Steine fallen, — steilauf d i e Mauer strebt,
Lächelnd sterben sie, wie sie lächelnd gelebt. —

Monteton, das ist unsre Mauer,
Chalençon, das ist unser Schwert,
Das ist unser Turm, Tournefort!

Münchhausen

253

Le Ralli

Bewußtlos nun schon zwanzig Tage lang. — —
Der greise Diener hüllt im Krankenzimmer
In grünen Taft der Lampe weichen Schimmer,
Den stillen Raum durchdringt der feine Sang
Des brennenden Dochts.

       Mit unhörbarem Gang
Zieht sich zurück der Alte und raunt leise
Zu der Beschließerin im Vorsalon:
»Madame, der letzte Chevalier Crahon
Geht diese Nacht noch ... auf die letzte Reise!«

———————————————

Der Kranke hebt sich auf, müd und geschwächt,
Und murmelt lächelnd mit dem welken Munde:
»Gut, daß der Tod mich weckt zu seiner Stunde!
Dem großen dürren Jäger stünd' es schlecht,
Wenn er auf schlafendes Wild den Drücker zöge,
Sich um den weidgerechten Schuß betröge,
— Denn wahrlich: Er ist weidgerecht!«

Und mit den Augen, die die Welt umfassen
In jener Stunde, da sie sie verlassen,
Starrt er zum Gobelin ... und durch die Wand ...
Und zeigt mit Händen, blaugeädert=blassen:
»Die ganze Halle voller Geister steht!
Das Feuer des Kamins bauscht ihr Gewand, —

Das sind die Väter, die mich nicht verlassen,
Mich, — dem kein Sohn mehr hinterm Sarge geht.
Willkommen, Vater! Großvater, auch du,
Ihr andern Treuen aus der Krypta alle,
Die ihr, bedachtsam wartend, in der Halle
Die Hirsche euch beseht in guter Ruh, —
Nicht wahr, — manch kapitaler kam dazu!
He, Aristide!«
                Die Silberklingel schrillt,
»Wie, — Tränen, Alter? Kopf hoch, munter! —
Mein Durst nach Jagd ist lang noch nicht gestillt,
Zur Halle tragt mich einmal noch hinunter,
Stoßt breit der Fenster Doppelflügel auf,
Und vor dem Schlosse soll die Jägerei
Mit den Signalen für jedwed Geweih
Noch einmal mir verblasen alle Hirsche,
Die ich erjagt auf wonnevoller Pirsche,
Und die dort drohn an bruchgeschmücktem Knauf!«

— — — — — — — — — — — —

Der Nebel steigt weichkalt vom Moseltale,
Blaugrün durchdämmert von des Mondes Strahle,
Verfließt in Strähnen auf den kargen Feldern
Und wiegt sich in lautloser Melodie
Über dem Hügelwald der Seigneurie.

Und droben in der Halle am Kamin
Sitzt matt im Stuhl der Jagdherr, und er lächelt,
Wenn an den Wänden hin die Schatten ziehn
Und ihn mit Streichelhand ein Hauch umfächelt.

Soll er die fürchten, die wohl tausend Male
Becherumläutet saßen hier im Saale?!
Vielleicht, daß sie der alten Jägerchöre
Vertrautes Jubellied wie ihn erfreut,
Wenn aus den hölzernen Hörnern der Piköre
Aufbraust der Gruß wie eben und wie heut?!

Hörnerschall erscholl und schauerte über die Täler,
»'Ran an die Meute!« Die Peitsche bräute,
Kläffende Hunde hetzen im Grunde,
Über allen
Erschallen
Die Jubel der Jägerei.

Hörnerschall erscholl und schauerte über die Täler,
Reiter hinjagen in wildem Wagen,
Gerten sausen im Herbstwindbrausen,
Über allen
Erschallen
Die Jubel der Jägerei.

Die Hörner klangen wild und aufgebracht,
Wie sie sein Leben sechzig Jahr durchsangen,
Und als nun auf die Flügelfenster sprangen,
Da dröhnte fernher zu den Jägerchören,
Aus allen Tälern durch die stille Nacht,
Der starken Hirsche schauerliches Röhren.

Und beim Halli des chiens, da senkte sacht
In seines Lebens jubelnden Fanfaren,
Der letzte Chevalier Crahon die fahle
Zerfurchte Stirn unter den weißen Haaren.
Das Hörnerrauschen verzitterte überm Tale
Verhallend ... hallend ... sacht ...
— — — — — — — — — — — — — —
Der Hirsche Röhren durchbröhnte fern die Nacht.

Münchhausen

Letzte Ernte

Ich brachte in siebzig Jahren viel Ernten ein,
Dies soll mein letztes Fuder wohl gewesen sein!
Die Gäule scheuten am Tore, jagten mit Gewalt,
Ich schrie und riß an der Leine, aber mein Arm ist alt.

Vor ihren polternden Hufen der Staub flog auf wie Rauch,
Die Garben schleiften die Steine — mein alter Rücken auch.
Mutter, was hilft das Weinen? Das ist nun, wie es ist,
Siebzig Jahre und drüber war doch eine schöne Frist!

Daß sie den Schmied nur holen, ein Eisen fehlt dem Roß,
Und hinterm Hof am Tore, da ist ein Pfosten los,
Und daß sie nicht vergessen: da, wo die Pappeln stehn,
Im letzten Schlag am Berge, da sollen sie Roggen sä'n.

Kommt jeder an die Reihe, König, Bauer und Knecht!
Ist's unsers Herrgotts Wille, so ist es mir auch recht.
Was stehst du vor dem Bette und beugst dich drüber dicht?
Meinst du, Mutter, ich sehe die Totenlichter nicht?

Vier Lichter an der Lade, wie sich's zu Recht gehört,
Vier Pferde vor dem Wagen, der mich vom Hofe fährt,
Der weißen Klageweiber zween vor meiner Truh,
Im breiten linnenen Laken vom Kopf bis auf die Schuh!

Mutter, kommen die Kühe schon vom Kamp herein?
Die Schwarze brüllt am Tore, da muß es Melkzeit sein.
Ich höre die Knechte singen vor der Dielentür,
Morgen am Feierabend bin ich nicht mehr hier!

Viel Hände braucht die Ernte. Der Herrgott hat's gewußt.
Gottlob, daß ich nicht früher habe fortgemußt!
Und wenn ich Feierabend heute machen soll —
Gemäht sind die letzten Ähren, und alle Scheuern voll!

Strauß und Torney

259

Das Begräbnis

Auf der Gasse vorm Giebelhaus
Drängten sich gaffende Leute,
Über den Strom durchs Sturmgebraus
Klang das Sterbegeläute.
Es hingen halbmast, wie von Tränen erschlafft,
Die Fahnen in Regenschauer,
Der alten Hansestadt Kaufmannschaft
Trug um Daniel Ovander Trauer.

Zum erstenmal sah ein Werkeltag,
Daß auf des Schreibpults Leder,
Verstaubt und still das Hauptbuch lag
Und müßig am Tintenfaß die Feder.
Die goldne Brille lag obenauf
In perlgesticktem Futt'rale,
Keine hagre Hand schlug die Seiten auf,
Rast hielt sie zum ersten Male.

Weit offen standen überall
Die Türen, die tannenbekränzten,
Und droben im verdunkelten Saal
Die silbernen Leuchter glänzten.
Im eichenen Sarge schlief immerzu,
Bei zitterndem Kerzenscheinen,
Hans Daniel Ovander in tiefer Ruh,
Bewacht vom Grame der Seinen.

Er hörte nicht da draußen im Flur
Der alten Standuhr Schlagen,
Und nicht mehr, wie durch den Torweg fuhr,
Zum Speicher Wagen um Wagen.
Die Ballen und Kisten schlugen schwer
Gegen die grauen Wände,
Das Rufen der Kutscher und Knechte klang her —
Er schlief, gefaltet die Hände.

Und man trug ihn, als sich der Tag gewandt,
Hinunter die breite Treppe,
Über Tannen und Kalmus und weißen Sand
Fegte des Bahrtuchs Schleppe.
Und hinter dem Sarge des Vaters schritt
Und gab ihm das letzte Geleite
Seine Erstgeborene, die schöne Brigitt',
Im düsteren Trauerkleide.

Stolz schritt sie und finster. Einmal nur
Ihrem Auge die Tränen kamen: —
An der braunen Türe drunten im Flur
Fehlte das Schild mit dem Namen.
Über Geländer und Tannengewind
Griffen tröstende Hände herüber —
Aber schweigend schloß Daniel Ovanders Kind
Die Lider und schritt vorüber.

Es hielten die Träger sekundenlang
An der Eisentür am Kontore;
Es grüßten den Chef zum letzten Gang
Die Schreiber und die Faktore.

Dann schwankte der Sarg in den Regen hinaus,
Die Stufen schrien und knarrten:
»Nun geht der Herr aus seinem Haus,«
Sprachen, die draußen harrten.

Miegel

Kampf und Tod

Das Herz von Douglas

Oh! Douglas, Douglas, stolz und
treu.   John Home

»Graf Douglas, presse den Helm ins Haar,
Gürt um dein lichtblau Schwert,
Schnall an dein schärfstes Sporenpaar
Und sattle dein schnellstes Pferd!

Der Totenwurm pickt in Scone's Saal,
Ganz Schottland hört ihn hämmern,
König Robert liegt in Todesqual,
Sieht nimmer den Morgen dämmern!«

Sie ritten vierzig Meilen fast
Und sprachen Worte nicht vier,
Und als sie kamen vor Königs Palast,
Da blutete Sporn und Tier.

König Robert lag im Nordertorn,
Sein Auge begann zu zittern:
»Ich höre das Schwert von Bannockburn
Auf der Treppe rasseln und schüttern!

Ha! Gottwillkomm, mein tapferer Lord!
Es geht mit mir zu End',
Und du sollst hören mein letztes Wort
Und schreiben mein Testament:

Es war am Tag von Bannockburn,
Da aufging Schottlands Stern,
Es war am Tag von Bannockburn,
Da schwur ich's Gott dem Herrn:

Ich schwur, wenn der Sieg mir sei verlieh'n,
Und fest mein Diadem,
Mit tausend Lanzen wollt' ich ziehn
Hin gen Jerusalem.

Der Schwur wird falsch, mein Herz steht still,
Es brach in Müh' und Streit,
Es hat, wer Schottland bändigen will,
Zum Pilgern wenig Zeit.

Du aber, wenn mein Wort verhallt
Und aus ist Stolz und Schmerz,
Sollst schneiden aus meiner Brust alsbald
Mein schlachtenmüdes Herz.

Du sollst es hüllen in roten Samt
Und schließen in gelbes Gold,
Und es sei, wenn gelesen mein Totenamt,
Im Banner das Kreuz entrollt.

Und nehmen sollst du tausend Pferd'
Und tausend Helden frei,
Und geleiten mein Herz in des Heilands Erd',
Damit es ruhig sei!«

»Nun vorwärts. Angus und Lothian,
Laßt flattern den Busch vom Haupt,
Der Douglas hat des Königs Herz,
Wer ist es, der's ihm raubt?

Mit den Schwertern schneidet die Taue ab,
Alle Segel in die Höh'!
Der König fährt in das schwarze Grab,
Und wir in die schwarzblaue See!«

Sie fuhren Tage neunzig und neun,
Gen Ost war der Wind gewandt,
Und bei dem hundertsten Morgenschein,
Da stießen sie an das Land.

Sie ritten über die Wüste gelb,
Wie im Tale blitzt der Fluß,
Die Sonne stach durchs Helmgewölb',
Als wie ein Bogenschuß.

Und die Wüste war still, und kein Lufthauch blies,
Und schlaff hing Schärpe und Fahn',
Da flog in Wolken der stäubende Kies,
Draus flimmernde Spitzen sahn.

Und die Wüste ward voll, und die Luft erscholl,
Und es hob sich Wolk' an Wolk',
Aus jeder berstenden Wolke quoll
Speerwerfendes Reitervolk.

Zehntausend Lanzen funkelten rechts,
Zehntausend schimmerten links,

»Allah, il Allah!« scholl es rechts,
»Il Allah!« scholl es links. —

Der Douglas zog die Zügel an,
Und still stand Herr und Knecht:
»Beim heiligen Kreuz und Sankt Alban,
Das gibt ein grimmig Gefecht!«

Eine Kette von Gold um den Hals ihm ging,
Dreimal um ging sie rund,
Eine Kapsel an der Kette hing,
Die zog er an den Mund:

»Du bist mir immer gegangen voran,
O Herz! bei Tag und Nacht,
Drum sollst du auch heut, wie du stets getan,
Vorangehn in die Schlacht.

Und verlasse der Herr mich drüben nicht,
Wie ich hier dir treu verblieb,
Und gönne mir noch auf das Heidengezücht
Einen christlichen Schwerteshieb.«

Er warf den Schild auf die linke Seit'
Und band den Helm herauf,
Und als zum Würgen er saß bereit,
In den Bügeln stand er auf:

»Wer dies Geschmeide mir wieder schafft,
Des Tages Ruhm sei sein.«
Da warf er das Herz mit aller Kraft
In die Feinde mitten hinein.

Sie schlugen das Kreuz mit dem linken Daum',
Die Rechte den Schaft legt ein,
Die Schilde zurück und los den Zaum!
Und sie ritten drauf und drein. —

Und es war ein Stoß, und es war eine Flucht
Und rasender Tod rundum,
Und die Sonne versank in die Meeresbucht,
Und die Wüste ward wieder stumm.

Und der Stolz des Ostens, er lag gefällt
Im meilenweiten Kreis,
Und der Sand ward rot auf dem Leichenfeld,
Der nie mehr wurde weiß.

Von den Heiden allen durch Gottes Huld
Entrann nicht Mann noch Pferd,
Kurz ist die schottische Geduld
Und lang ein schottisch Schwert!

Doch wo am dicksten ringsumher
Die Feinde lagen im Sand,
Da hatte ein falscher Heidenspeer
Dem Grafen das Herz durchrannt.

Und er schlief mit klaffendem Kettenhemd,
Längst aus war Stolz und Schmerz,
Doch unter dem Schilde festgeklemmt
Lag König Roberts Herz.

Strachwitz

Crillon

Herr Louis de la Balbe Crillon,
Ihr kennt den Mann, der niemals floh,
Herr Louis de la Balbe Crillon,.
Er hielt die Feste von Bordeaur.

Herr Louis de la Balbe Crillon,
Er lag zu Bett seit kurzer Zeit,
Mit ganzer Seele schlief Crillon,
Der Tag war lang, die Bresche breit!

Von Guise war's, der junge Herr,
Hell schien sein Schwert durchs Dämmerlicht,
Vors Bette stürzt er mit Geplärr,
Fest schlief Crillon und hörte nicht:

»Ha Monjoie! wach auf, Crillon,
Das Tor gesprengt, der Feind im Platz!«
Herr Louis de la Balbe Crillon
War aus dem Bett mit einem Satz.

Im bloßen Hemd, mit nacktem Knie,
Er fragt' nicht lang nach Schild und Helm:
»Wo hängt mein Schwert, wo stehen sie?«
Da lachte laut der junge Schelm:

»Das Tor ist fest, kein Feind ist nah',
Sie sagten mir in ganz Paris,
Daß noch kein Mensch dich zittern sah,
Nun glaub' ich's gern, bei Sankt Denis!

Mit eignen Augen wollt' ich's schaun;
Vergib, du Held, es war ein Scherz!«
Des Ritters Stirn ward dunkelbraun,
Des Herzens Blick fiel bodenwärts.

Sie standen voreinander da,
Dem Junker war nicht wohl zumut;
»Daß mich dein Aug' nicht zittern sah,
Das war dein Glück, du junges Blut!«

Strachwitz

Wiegenlied aus dem Dreißigjährigen Krieg

Horch, Kind, horch, wie der Sturmwind weht
Und rüttelt am Erker!
Wenn der Braunschweiger draußen steht,
Der faßt uns noch stärker.
Lerne beten, Kind, und falten fein die Händ',
Damit Gott den tollen Christian von uns wend'!

Schlaf, Kind, schlaf, es ist Schlafenszeit,
Ist Zeit auch zum Sterben,
Bist du groß, wird dich weit und breit
Die Trommel anwerben.
Lauf ihr nach, mein Kind, hör' deiner Mutter Rat:
Fällst du in der Schlacht, so würgt dich kein Soldat.

»Herr Soldat, tu mir nichts zuleid
Und laß mir mein Leben!«
»Herzog Christian führt uns zum Streit,
Kann kein Pardon geben.
Lassen muß der Bauer mir sein Gut und Hab,
Zahle nicht mit Geld, nur mit dem kühlen Grab.«

Schlaf, Kind, schlaf, werde stark und groß;
Die Jahre sie rollen.
Folgst bald selber auf stolzem Roß
Herzog Christian dem Tollen.

Wie erschrickt der Pfaff und wirft sich auf die Knie —
»Für den Bauer nicht Pardon, den Pfaffen aber nie!«

Still, Kind, still, wenn Herr Christian kommt,
Der lehrt dich schweigen!
Sei fein still, bis dir selber frommt,
Ein Roß zu besteigen.
Sei fein still, dann bringt der Vater bald dir Brot,
Wenn nach Rauch der Wind nicht schmeckt und nicht der
                                                Himmel rot.

Huch

Aus dem Lagerleben

Geh in dein Zelt, schlaf ein!
Die Wachfeuer haben ausgebrannt,
Eine Feuersäule vom Rhein
Lagert sich über das Land.

Es ist bald Herbst, es ist schon spät,
Die Nebel haben schon begonnen,
Die Saaten sind gemäht,
Die Hoffnungen zerronnen.

Rasch zu nimmt die Nacht —
Wir werden im Schatten streiten;
Ich sah im Traume ein Heer zur Schlacht
An mir vorüberreiten.

                                    Lingg

»All Fehd hat nun ein Ende!«
(1648)

Nach fünfundzwanzig Jahren knie ich wieder
In diesem Kirchlein, krumm wie 'n Flintenhahn,
Und singe die dem Mund entwöhnten Lieder,
Indes der Pastor das, was wir getan,
So billig fortgibt (und zur Gottestat veredelt!),
Wie des erschoff'nen Landsknecht Hab und Gut
Am Andermorgen wird durchs Los verträdelt! —
Und ich fing', barhaupt, bloß und unbeschuht,
Mit denen aus den üpp'gen Bauerngassen:
»Durch große Mart'r und bittern Tod
Abwend all unsern Jamm'r und Not
    Dazu wir uns verlassen!«

Ich kann mein Sinnen nicht zum Liebe zwingen!
Des toten Obrists denk' ich bitterlich,
Ein Vater, dran wir alle kindlich hingen,
Und einer Mutter Sohn, wie du und ich!
Sein Vater, der ihn einst im Arme hub,
Kniet heute neben mir, gebetumfangen, —
Die Furchen all, die er im Leben grub,
Grub Gott auch ihm in Stirne, Mund und Wangen,
Des großen Feldherrn denkt auch er — wir plärren:
»Ganz ungemess'n ist deine Macht,
Stets gschicht, was dein Will' hat bedacht, —
    Wohl uns des weisen Herren!«

Noch heut vorm Jahre, vor den Pallisaden
Von Zusmarshausen, lag ich nachts im Strauch,
Und rauschend brach der Roggen in den Laden
Der Pferde bei des Lagerfeuers Rauch,
Wie schlief ich sanft in unsrer Wachen Hut, —
Heut weiß ich nicht, wohin die Narben legen!
Wie hielt mein Obrist seinen Soldtag gut, —
Heut rinnen mir nur Schlackerschnee und Regen
In die vom Kriegswerk grob zerfurchten Hände, —
»Ein Wohlgefall'n Gott an uns hat,
Nun ist groß Fried' ohn' Unterlaß,
    All Fehd hat nun ein Ende!«

Münchhausen

Martje Flors Trinkspruch

Vor Tönning, auf Katharinenherd,
Zechen Steenbocks Offiziere.
Sie haben fleißig die Humpen geleert,
Der Weiser zeigt auf früh viere.

Durchs Fenster glüht das Morgenrot
Auf die trunk'nen Kavaliere,
Auf ihre Sturmhauben a la Don Quijote,
Die verschobnen Bandeliere.

Auf im Nacken schwankenden Federhut,
Auf Koller und spiegelnde Sporen,
Auf ihr in Hitze gerat'nes Blut,
Auf manchen »hochedelgeboren«.

Der eine hat's Elend, der andre lacht,
Zwei haben den Pallasch gezogen;
Der stiert vor sich hin wie in Geistesnacht,
Der äfft den Fiedelbogen.

Zwei andre halten Verbrüderungsfest,
»Herzbruder« schwimmt im Pokale.
Und der unten am Tisch säuft Rest auf Rest
Und denkt an keine Finale.

Da tritt ein kleines Mädchen herein,
Steht mitten im wüsten Quartiere.
Martje Flor ist's, des Wirts Töchterlein,
Zehn Jahr nach dem Taufpapiere.

Sie nimmt das erste beste Glas
Und hebt sich auf die Zehe:
»Auf daß es im Alter, ich trink' euch das,
Im Alter uns wohlergehe.«

Mit weit offnem Munde, mit bleichem Gesicht
Steht die ganze besoffne Bande,
Und starrt entsetzt und rührt sich nicht,
Steht wie am Abgrundsrande

In Schleswig denken sie heut noch erbost
An die schwed'schen Klauen und Klingen,
Und denken dankbar an Martjes Toast,
Wenn sie die Becher schwingen.

Liliencron

York in Tauroggen

Vorm frostbeschlagnen Fenster auf und nieder
Gleichmäßig klappt der Schritt der Grenadiere,
Leise im Nebenzimmer sprechen Offiziere,
Schwer wandert York die enge Stube hin und wieder.
Sie ist voll Dämmerung wie voll Rauch,
Er stößt das Fenster auf, ihn labt der Hauch —
Hart schnellt
Die Tür ins Schloß, er geht hinaus ins Feld.

Im Osten,
Fern blinzen Feuer von Kosakenposten.
Braun schweigt das Land, schimmrig von Reif beeist,
Von Dunst zerschattet schwimmt die Poscheruner Mühle,
Schneewölkig hängt der Himmel, weithin überweißt,
Wohltätig harscht ihm Blut und Kopf die Kühle.
Er steht,
Er faltet seine Hände in Gebet:

»Du Herr und Gott, auf mich gelegt ist schwere Pflicht,
Zum Führer hat der König mich ernannt,
Ich diene ihm, ich herrsche nicht —
Entscheiden soll ich über Volk und Land.
Zu deinem Himmel spreche ich empor:
Ich bin verblendet nicht von irrem Ruhme,
Es ist mir um die Krone, der ich schwor,
Es ist um dieses Landes Korn und Krume.«

Er schweigt, er steht,
Wie Brot und Wasser speist ihn das Gebet.

Trüb glüht der Himmel, finster liegt die Runde,
Tief in sich selber horcht er tief hinein,
Und plötzlich spürt er sich nicht mehr allein,
Kraft
Wächst empor rings aus dem Grunde,
Die heiß das Blut ihm glüht, die Muskeln strafft,
Es rauscht um ihn, es stürzt in ihn die Stunde.
Weit über das Gelände,
Als wandre auf ihn Springflut erdener Schollen,
Spürt er Gewalt in seine Seele rollen,
Verschlungen auf dem Korb die betenden Hände,
Umbraust und überbraust von meergleich hohem Schalle,
Er spürt, mit seinem Atem atmen alle,
Er ward das Land —

Befehl
Scholl an ihn; er folgt dem Befehl.

Lissauer

Das Trauerspiel von Afghaniſtan

Der Schnee leis ſtäubend vom Himmel fällt,
Ein Reiter vor Dſchellalabad hält,
»Wer da!« — »Ein britiſcher Reitersmann,
Bringe Botſchaft aus Afghaniſtan.«

Afghaniſtan! Er ſprach es ſo matt;
Es umdrängt den Reiter die halbe Stadt,
Sir Robert Sale, der Kommandant,
Hebt ihn vom Roſſe mit eigener Hand.

Sie führen ins ſteinerne Wachthaus ihn,
Sie ſetzen ihn nieder an den Kamin,
Wie wärmt ihn das Feuer, wie labt ihn das Licht,
Er atmet hoch auf und dankt und ſpricht:

»Wir waren dreizehntauſend Mann,
Von Cabul unſer Zug begann,
Soldaten, Führer, Weib und Kind,
Erſtarrt, erſchlagen, verraten ſind.

Zerſprengt iſt unſer ganzes Heer,
Was lebt, irrt draußen in Nacht umher,
Mir hat ein Gott die Rettung gegönnt,
Seht zu, ob den Reſt ihr retten könnt.«

Sir Robert stieg auf den Festungswall,
Offiziere, Soldaten folgten ihm all',
Sir Robert sprach: »Der Schnee fällt dicht,
Die uns suchen, sie können uns finden nicht.

Sie irren wie Blinde und sind uns so nah,
So laßt sie's hören, daß wir da,
Stimmt an ein Lied von Heimat und Haus,
Trompeter, blas't in die Nacht hinaus!«

Da huben sie an, und sie wurden's nicht müd,
Durch die Nacht hin klang es Lied um Lied,
Erst englische Lieder mit fröhlichem Klang,
Dann Hochlandslieder wie Klagegesang.

Sie bliesen die Nacht und über den Tag,
Laut, wie nur die Liebe rufen mag,
Sie bliesen, es kam die zweite Nacht,
Umsonst, daß ihr ruft, umsonst, daß ihr wacht.

Die hören sollen, die hören nicht mehr,
Vernichtet ist das ganze Heer,
Mit dreizehntausend der Zug begann,
Einer kam heim aus Afghanistan.

Fontane

John Maynard

John Maynard!
Wer ist John Maynard?
»John Maynard war unser Steuermann,
Aushielt er bis er das Ufer gewann,
Er hat uns gerettet, er trägt die Kron',
Er starb für uns, unsre Liebe sein Lohn.
                              John Maynard.«

Die Schwalbe fliegt über den Erie=See,
Gischt schäumt um den Bug wie Flocken von Schnee,
Von Detroit fliegt sie nach Buffalo —
Die Herzen sind aber frei und froh,
Und die Passagiere, mit Kindern und Fraun
Im Dämmerlicht schon das Ufer schaun,
Und plaudernd an John Maynard heran
Tritt alles: »Wie weit noch Steuermann?«
Der schaut nach vorn und schaut in die Rund':
»Noch dreißig Minuten ... Halbe Stund'.«

Alle Herzen sind froh, alle Herzen sind frei —
Da klingt's aus dem Schiffraum her wie Schrei,
»Feuer« war es, was da klang,
Ein Qualm aus Kajüt' und Lucke drang,
Ein Qualm, dann Flammen lichterloh
Und noch zwanzig Minuten bis Buffalo.

Und die Passagiere buntgemengt,
Am Bugspriet stehn sie zusammengedrängt,
Am Bugspriet vorn ist noch Luft und Licht,
Am Steuer aber lagert sich's dicht,
Und ein Jammern wird laut: Wo sind wir? wo?
Und noch fünfzehn Minuten bis Buffalo.

Der Zugwind wächst, doch die Qualmwolke steht,
Der Kapitän nach dem Steuer späht,
Er sieht nicht mehr seinen Steuermann,
Aber durchs Sprachrohr fragt er an:
»Noch da, John Maynard?«
                    »Ja Herr. Ich bin.«
»Auf den Strand. In die Brandung.«
                    »Ich halte drauf hin.«
Und das Schiffsvolk jubelt: »Halt aus. Hallo.«
Und noch zehn Minuten bis Buffalo.

»Noch da, John Maynard?« Und Antwort schallt's
Mit ersterbender Stimme: »Ja Herr, ich halt's.«
Und in die Brandung, was Klippe, was Stein,
Jagt er die »Schwalbe« mitten hinein.
Soll Rettung kommen, so kommt sie nur so.
Rettung: Der Strand von Buffalo.

*   *

Das Schiff geborsten. Das Feuer verschwelt.
Gerettet alle. Nur e i n e r fehlt!

Alle Glocken gehn; ihre Töne schwell'n
Himmelan aus Kirchen und Kapell'n,
Ein Klingen und Läuten, sonst schweigt die Stadt,
Ein Dienst nur, den sie heute hat:
Zehntausend folgen oder mehr
Und kein Aug' im Zug das tränenleer.

Sie lassen den Sarg in Blumen hinab,
Mit Blumen schließen sie das Grab,
Und mit goldner Schrift in den Marmorstein
Schreibt die Stadt ihren Denkspruch ein:
    »Hier ruht John Maynard. In Qualm und Brand,
    Hielt er das Steuer fest in der Hand,
    Er hat uns gerettet, er trägt die Kron',
    Er starb für uns, unsre Liebe sein Lohn.
                        John Maynard.«

Fontane

285

Der Trompeter

Wenn dieser Siegesmarsch in das Ohr mir schallt,
Kaum halt' ich da die Tränen mir zurück mit Gewalt.
Mein Kamerad, der hat ihn geblasen in der Schlacht,
Auch schönen Mädchen oft als ein Ständchen gebracht;
Auch zuletzt, auch zuletzt in der grimmigsten Not
Erscholl er ihm vom Munde, bei seinem jähen Tod.
Das war ein Mann von Stahl, ein Mann von echter Art;
Gedenk' ich seiner, rinnet mir die Trän' in den Bart.
Herr Wirt, noch einen Krug von dem feurigsten Wein!
Soll meinem Freund zur Ehr, ja zur Ehr getrunken sein.

Wir hatten musiziert in der Frühlingsnacht
Und kamen zu der Elbe, wie das Eis schon erkracht;
Doch schritten wir mit Lachen darüber unverwandt,
Ich trug das Horn und er die Trompet' in der Hand.
Da erknarrte das Eis, und es bog und es brach,
Ihn riß der Strom von dannen, wie der Wind so jach!
Ich konnt' ihn nimmermehr erreichen mit der Hand,
Ich mußte selbst mich retten mit dem Sprung auf den Sand:
Er aber trieb hinab, auf die Scholle gestellt,
Und rief: Nun geht die Reis' in die weite, weite Welt!

Drauf setzt' er die Trompet' an den Mund und schwang
Den Schall, daß rings der Himmel und die Erde erklang!
Er schmetterte gewaltig mit vollem Mannesmut,
Als gält' es eine Jagd mit dem Eis in der Flut.

Er trompetete klar, er trompetete rein,
Als ging's mit Vater Blücher nach Paris hinein! —
Da donnerte das Eis, die Scholle sie zerbrach,
Und wurde eine bange, bange Stille danach!.
Das Eis verging im Strom und der Strom in dem Meer —
Wer bringt mir meinen Kriegskameraden wieder her?

Kopisch

Liebe und Verrat

Helges Treue

König Helge fiel im heißen Streit,
Und mit ihm fiel die geliebte Maid,
Sie fiel, was mochte sie leben?
König Helge, der Held, und die Maid Sigrun,
Sie mußten zu zwei im Hügel ruhn;
Sein Hengst, der ruhte daneben.

Allvater saß auf Idas Feld:
»Es kommt fürwahr ein gewaltiger Held
Noch heut von der Erde herüber,
Es heult mein Wolf und frißt nicht mehr,
Und Gjallars Brücke donnert sehr,
Als ritt' ich selber darüber.«

König Helge trat in Odins Palast
In schwarzem Stahl, ein finsterer Gast,
Durch die Helden schritt er stumm.
Er schritt hindurch ohne Gruß und Dank
Und setzte sich auf die letzte Bank
Und sah sich gar nicht um.

Aufsprangen die Helden zu Spiel und Kampf,
Ha! Schildeskrachen und Hufgestampf,
Wie wogt es stählern und dicht!
König Helge saß, ihm scholl kein Horn,
Ihm sauste kein Speer, ihm klirrte kein Sporn;
König Helge, der focht nicht.

»Wohl ist er hehr, Allvaters Saal,
Der Boden von Gold, das Dach von Stahl;
Und silbern fließt die Luft.
Doch wäre der Himmel noch einmal so licht,
Den ganzen Himmel möcht' ich nicht
Für Sigruns enge Gruft!«

Her trat mit Augen veilchenblau
Die schwanenbusigste Schildjungfrau,
Wie leuchtete ihr Gesicht!
Sie hielt das Horn, sie trank ihm zu:
»Mein schlanker Held, nun trinke du!«
König Helge, der trank nicht.

»Und liebten mich hundert Jungfraun heiß,
Wie die Hirschkuh schlank, wie das Schneehuhn weiß,
Ich höbe mein Auge kaum.
Du nimm dein Horn und laß mich nur,
Bist nicht halb so schön als Sigrunur,
Bei Sigrun ist mein Traum!«

So sitzt er da und trotzt und schweigt,
Bis die Mitternacht niederblickt schwarzgeäugt,
Dann ist frei der Geister Tun.
Dann flammt sein Aug' und rauscht sein Schwert,
Dann gürtet er sein goldrot' Pferd;
Dann geht es zu Sigrun.

Wie wild der Reiter, wie wild der Ritt,
Wie klangvoll hämmert des Hengstes Tritt,
Es geht ja zu Sigrun.

Die Luft zerrinnt, und die Erde birst,
Wenn niederreitet der Nordlandsfürst,
Um bei Sigrun zu ruhn.

Wenn der Morgenwind kühlt des Rosses Schweiß,
Dann reitet er heim, er reitet's nicht heiß,
Sein Ritt, wie traurig und sacht!
Er reitet schweigend durch Walhalls Tor
Und setzt sich nieder wie zuvor
Und harrt auf Mitternacht.

Strachwitz

Das Lied von Treue

Wer gern treu eigen sein Liebchen hat,
Den necken Stadt
Und Hof mit gar mancherlei Sorgen.
Der Marschall von Holm, den das Necken verdroß,
Hielt klüglich deswegen auf ländlichem Schloß
Seitweges sein Liebchen verborgen.

Der Marschall achtet es nicht Beschwer,
Oft hin und her
Bei Nacht und bei Nebel zu jagen.
Er ritt, wann die Hähne das Morgenlied krähn,
Um wieder am Dienste des Hofes zu stehn,
Zur Stunde der lungernden Magen.

Der Marschall jagte voll Liebesdrang
Das Feld entlang,
Vom Hauche der Schatten befeuchtet.
»Hui, tummle dich, Renner! Versäume kein Nu!
Und bring' mich zum Nestchen der Wollust und Ruh',
Eh' heller der Morgen uns leuchtet!«

Er sah sein Schlößchen bald nicht mehr fern,
Und wie den Stern
Des Morgens das Fensterglas flimmern.
»Geduld noch, o Sonne, du weckendes Licht,
Erwecke mein schlummerndes Liebchen noch nicht!
Hör' auf, ihr ins Fenster zu schimmern!«

Er kam zum schattenden Park am Schloß
Und band sein Roß
An eine der duftenden Linden.
Er schlich zu dem heimlichen Pförtchen hinein,
Und wähnt' im dämmernden Kämmerlein
Süß träumend sein Liebchen zu finden.

Doch als er leise vors Bettchen kam,
O weh! da nahm
Das Schrecken ihm alle fünf Sinnen.
Die Kammer war öde, das Bette war kalt —
»O wehe! Wer stahl mir mit Räubergewalt
So schändlich mein Kleinod von hinnen?«

Der Marschall stürmte mit raschem Lauf
Treppab, treppauf
Und stürmte von Zimmer zu Zimmer.
Er rufte, kein Seelchen erwiderte drauf —
Doch endlich ertönte tief unten herauf
Vom Kellergewölb' ein Gewimmer.

Das war des ehrlichen Schloßvogts Ton.
Aus Schuld entflohn
War all sein falsches Gesinde.
»O Henne, wer hat dich heruntergezerrt?
Wer hat so vermessen hier ein dich gesperrt?
Wer? Sag mir geschwinde, geschwinde!«

»O Herr, die schändlichste Freveltat
Ist durch Verrat
Dem Junker vom Steine gelungen.

Er raubte das Fräulein bei sicherer Ruh',
Und Eure zwei wackeren Hunde dazu
Sind mit dem Verräter entsprungen.«

Das dröhnt dem Marschall durch Mark und Bein.
Wie Wetterschein
Entlodert sein Sarras der Scheide.
Vom Donner des Fluches erschallet das Schloß.
Er stürmet im Wirbel der Rache zu Roß
Und sprenget hinaus auf die Heide.

Ein Streif' im Taue durch Feld und Wald
Verrät ihm bald,
Nach wannen die Flüchtling' entschwanden.
»Nun strecke, mein Senner, nun strecke dich aus,
Nur diesmal, ein einzigmal halt nur noch aus
Und laß mich nicht werden zuschanden!

Hallo! Als ging es zur Welt hinaus,
Greif aus, greif aus!
Dies Letzte noch laß uns gelingen!
Dann sollst du für immer auf schwellender Streu,
Bei goldenem Haber, bei duftendem Heu
Dein Leben in Ruhe verbringen.«

Lang streckt der Senner sich aus und fleucht.
Den Nachttau streicht
Die Sohle des Reiters vom Grase.
Der Stachel der Ferse, das Schrecken des Rufs
Verdoppeln den Donnergaloppschlag des Hufs,
Verdoppeln die Stürme der Nase.

Sieh da! Am Rande vom Horizont
Scheint hell besonnt
Ein Büschel vom Reiher zu schimmern.
Kaum sprengt er den Rücken des Hügels hinan,
So springen ihn seine zwei Doggen schon an,
Mit freudigem Heulen und Wimmern.

»Verruchter Räuber, halt an, halt an,
Und steh dem Mann,
An dem du Verdammnis erfrevelt!
Verschlänge doch stracks dich ihr glühender Schlund!
Und müßtest du ewig da flackern, o Hund,
Vom Zeh' bis zum Wirbel beschwefelt!«

Der Herr vom Steine war in der Brust
Sich Muts bewußt
Und Kraft in dem Arme von Eisen.
Er drehte den Nacken, er wandte sein Roß,
Die Brust, die die trotzige Rede verdroß,
Dem wilden Verfolger zu weisen.

Der Herr vom Steine zog mutig blank
Und rasselnd sprang
So dieser, wie jener, vom Pferde.
Wie Wetter erhebt sich der grimmigste Kampf.
Das Stampfen der Kämpfer zermalmet zu Dampf
Den Sand und die Schollen der Erde.

Sie hauen und hauen mit Tigerwut,
Bis Schweiß und Blut
Die Panzer und Helme betauen.

Doch keiner vermag, so gewaltig er ringt,
So hoch er das Schwert und so sausend er's schwingt,
Den Gegner zu Boden zu hauen.

Doch als wohl beiden es allgemach
An Kraft gebrach,
Da keuchte der Junker vom Steine:
»Herr Marschall, gefiel es, so möchten wir hier
Ein Weilchen erst ruhen, und trauet Ihr mir,
So spräch' ich ein Wort wie ich's meine.«

Der Marschall, senkend sein blankes Schwert,
Hält ein und hört
Die Rede des Junkers vom Steine:
»Herr Marschall, was hau'n wir das Leder uns wund?
Weit besser bekäm' uns ein friedlicher Bund,
Der brächt' uns auf einmal ins reine.

Wir hauen, als hauten wir Fleisch zur Bank,
Und keinen Dank
Hat doch wohl der blutige Sieger.
Laßt wählen das Fräulein nach eigenem Sinn,
Und wen sie erwählet, der nehme sie hin!
Beim Himmel, das ist ja viel klüger!«

Das stand dem Marschall nicht übel an.
Ich bin der Mann!
So dacht' er bei sich, den sie wählet.
Wann hab' ich nicht Liebes getan und gesagt?
Wann hat's ihr an allem, was Frauen behagt,
Solang ich ihr diene, gefehlet?

Ach, wähnt er zärtlich, sie läßt mich nie!
Zu tief hat sie
Den Becher der Liebe gekostet! —
O Männer der Treue, jetzt warn' ich euch laut:
Zu fest nicht auf Biedermanns-Wörtchen gebaut,
Daß ältere Liebe nicht rostet!

Das Weib zu Rosse vernahm sehr gern
Den Bund von fern
Und wählte vor Freuden nicht lange,
Kaum hatten die Kämpfer sich zu ihr gewandt,
So gab sie dem Junker vom Steine die Hand.
O pfui! die verrätrische Schlange! —

O pfui! Wie zog sie mit leichtem Sinn
Dahin, dahin,
Von keinem Gewissen beschämet!
Versteinert blieb Holm an der Stelle zurück,
Mit bebenden Lippen, mit starrendem Blick,
Als hätt' ihn der Donner gelähmet.

Allmählich taumelt' er matt und blaß
Dahin ins Gras,
Zu seinen geliebten zwei Hunden.
Die alten Gefährten von treuerem Sinn,
Umschnoberten traulich ihm Lippen und Kinn
Und leckten das Blut von den Wunden.

Das bracht' in seinen umflorten Blick
Den Tag zurück,
Und Lebensgefühl in die Glieder.

In Tränen verschlich sich allmählich sein Schmerz.
Er drückte die guten Getreuen ans Herz,
Wie leibliche liebende Brüder.

Gestärkt am Herzen durch Hundetreu',
Erstand er neu
Und wacker, von hinnen zu reiten.
Kaum hatt' er den Fuß in den Bügel gesetzt
Und vorwärts die Doggen zu Felde gehetzt,
So hört' er sich rufen vom weiten.

Und sieh! auf seinem beschäumten Roß,
Schier atemlos,
Ereilt' ihn der Junker vom Steine.
»Herr Marschall, ein Weilchen nur haltet noch an!
Wir haben der Sache kein G'nügen getan;
Ein Umstand ist noch nicht ins reine.

Die Dame, der ich mich eigen gab,
Läßt nimmer ab,
Nach Euren zwei Hunden zu streben.
Sie legt mir auch diese zu fordern zur Pflicht.
Drum muß ich, gewährt Ihr in Güte sie nicht,
Drob kämpfen auf Tod und auf Leben.« —

Der Marschall rühret nicht an sein Schwert,
Steht kalt und hört
Die Mutung des Junkers vom Steine.
»Herr Junker, was hau'n wir das Leder uns wund?
Weit besser bekommt uns ein friedlicher Bund,
Der bringt uns auf einmal ins reine.

Wir hauen, als hackten wir Fleisch zur Bank,
Und keinen Dank
Hat doch wohl der blutige Sieger.
Laßt wählen die Köter nach eigenem Sinn,
Und wen sie erwählen, der nehme sie hin!
Beim Himmel, das ist ja viel klüger.«

Der Herr vom Steine verschmerzt den Stich
Und wähnt in sich:
Es soll mir wohl dennoch gelingen!
Er locket, er schnalzet mit Zung' und mit Hand,
Und hoffet bei Schnalzen und Locken sein Band
Bequem um die Hälse zu schlingen.

Er schnalzt und klopfet sanft aufs Knie,
Lockt freundlich sie
Durch alle gefälligen Töne.
Er weiset vergeblich sein Zuckerbrot vor.
Sie weichen und springen am Marschall empor
Und weisen dem Junker die Zähne.

Bürger

Der Schatten

Von Dienern wimmelt's früh vor Tag,
Von Lichtern, in des Grafen Schloß.
Die Reiter warten sein am Tor,
Es wiehert morgendlich sein Roß.

Doch er bei seiner Frauen steht
Alleine noch im hohen Saal:
Mit Augen gramvoll prüft er sie,
Er spricht sie an zum letztenmal.

»Wirst du, derweil ich ferne bin
Bei des Erlösers Grab, o Weib,
In Züchten leben und getreu
Mir sparen deinen jungen Leib?

Wirst du verschließen Tür und Tor
Dem Manne, der uns lang entzweit,
Wirst meines Hauses Ehre sein,
Wie du nicht warest jederzeit?«

Sie nickt; da spricht er: »Schwöre denn!«
Und zögernd hebt sie auf die Hand.
Da sieht er bei der Lampe Schein
Des Weibes Schatten an der Wand.

Ein Schauer ihn befällt — er sinnt,
Er seufzt und wendet sich zumal.
Er winkt ihr einen Scheidegruß,
Und lässet sie allein im Saal.

Elf Tage war er auf der Fahrt,
Ritt krank ins welsche Land hinein:
Frau Hilde gab den Tod ihm mit
In einem giftigen Becher Wein.

Es liegt eine Herberg' an der Straß',
Im wilden Tal, heißt Mutintal,
Da fiel er hin in Todesnot,
Und seine Seele Gott befahl.

Dieselbe Nacht Frau Hilde lauscht,
Frau Hilde luget vom Altan:
Nach ihrem Buhlen schaut sie aus,
Das Pförtlein ward ihm aufgetan.

Es tut ein Schlag am vordern Tor,
Und aber einen Schlag, daß es dröhnt und hallt;
Im Burghof mitten steht der Graf —
Vom Turm der Wächter kennt ihn bald.

Und Vogt und Zofen auf dem Gang
Den toten Herrn mit Grausen sehn,
Sehn ihn die Stiegen stracks herauf
Nach seiner Frauen Kammer gehn.

Man hört sie schreien und stürzen hin,
Und eine jähe Stille war.
Das Gesinde, das flieht, auf die Zinnen es flieht:
Da scheinen am Himmel die Sterne so klar.

Und als vergangen war die Nacht,
Und stand am Wald das Morgenrot,
Sie fanden das Weib in dem Gemach
Am Bettfuß unten liegen tot.

Und als sie treten in den Saal,
O Wunder! steht an weißer Wand
Frau Hildes Schatten, hebet steif
Drei Finger an der rechten Hand.

Und da man ihren Leib begrub,
Der Schatten blieb am selben Ort,
Und blieb, bis daß die Burg zerfiel
Wohl stünd' er sonst noch heute dort.

Mörike

Der untreue Knabe

Es war ein Knabe frech genung,
War erst aus Frankreich kommen,
Der hatt' ein armes Mädel jung
Gar oft in Arm genommen
Und liebgekost und liebgeherzt,
Als Bräutigam herumgescherzt,
Und endlich sie verlassen.

Das braune Mädel das erfuhr,
Vergingen ihr die Sinnen,
Sie lacht' und weint' und bet't und schwur:
So fuhr die Seel' von hinnen.
Die Stund', da sie verschieden war,
Wird bang dem Buben, graust sein Haar,
Es treibt ihn fort zu Pferde.

Er gab die Sporen kreuz und quer,
Und ritt auf alle Seiten,
Herüber, hinüber, hin und her,
Kann keine Ruh' erreiten,
Reit't sieben Tag und sieben Nacht;
Es blitzt und donnert, stürmt und kracht,
Die Fluten reißen über.

Und reit't in Blitz und Wetterschein
Gemäuerwerk entgegen,
Bindt's Pferd hauß' an und kriecht hinein
Und duckt sich vor dem Regen.

Und wie er tappt und wie er fühlt,
Sich unter ihm die Erd' erwühlt;
Er stürzt wohl hundert Klafter.

Und als er sich ermannt vom Schlag,
Sieht er drei Lichtlein schleichen.
Er rafft sich auf und krabbelt nach,
Die Lichtlein ferne weichen,
Irrführen ihn, die Quer' und Läng'
Treppauf, treppab, durch enge Gäng',
Verfall'ne wüste Keller.

Auf einmal steht er hoch im Saal,
Sieht sitzen hundert Gäste,
Hohläugig grinsen allzumal
Und winken ihn zum Feste.
Er sieht sein Schätzel untenan
Mit weißen Tüchern angetan,
Die wend't sich —

                                        Goethe

Entführung

O Lady Judith, spröder Schatz,
Drückt dich zu fest mein Arm?
Je zwei zu Pferd haben schlechten Platz,
Und Winternacht weht nicht warm.

Hart ist der Sitz und knapp und schmal
Und kalt mein Kleid von Erz,
Doch kälter und härter als Sattel und Stahl
War gegen mich dein Herz.

Sechs Nächte lag ich in Sumpf und Moor
Und hab' um dich gewacht,
Doch weicher, bei Sankt Georg ich's schwor,
Schlaf' ich die siebente Nacht.

Alexis

Thies und Ose

In Wenningstedt bei Karten und Korn
Erschlug einst ein Bauer in jähem Zorn
Seinen Gast. Thies Thiessen war stark,
Und der Hansen ein Stänker um jeden Quark.

Nun lag er bleich und im Blut auf dem Stroh.
Aber wo war Thies Thiessen? Wo?
Sie suchten ihn und fanden ihn nicht,
Und der Galgen machte ein langes Gesicht.

Ose, des Mörders Weib, kam in Not.
Vier Kinder wollten von ihr Brot.
Ihr Kram ging zurück. Stück für Stück
Ward verkauft, und sie suchte bei Fremden ihr Glück.

Doch stand sie in Ehren bei jedermann,
Und tat ihnen leid. Die Zeit verrann,
Und Thies Thiessen war und blieb
Weg, als wäre die Welt ein Sieb.

So wurden es Jahre. Auf einmal fing's
Zu tuscheln an, bis nach Nantum ging's:
Habt ihr gesehen? Schon lange ... Nanu!
Meint ihr? Und sie nickten sich zu.

Sie war doch sonst ein ehrlich Weib,
Nun schreit ihre Schande das Kind im Leib.
Mit wem sie's wohl hält? Das Mannsvolk ist toll!
Das war ein Geschwätz, alle Stuben voll.

Die fromme Ose ertrug es in Scham,
Kein Wort über ihre Lippen kam.
Nur einem fraß es am Herzen und fraß,
Bis ihm der Schmerz in den Fäusten saß.

Und eh' sich's die Lästermäuler versahn,
Stand er auf: Ich hab's getan!
Und standen alle und glotzten sehr:
Thies Thiessen? Gott sei bei uns! Woher?

Nicht verrat' ich das Dünenloch,
Und ihr findet es nimmer. Sie aber fand's doch.
Und geht's um den Hals, das Kind ist mein.
Und verdammt, wer's nicht glaubt. Ich bleu's ihm ein.

Und er sah elend aus und schwach,
Und er hielt sie wie ein Gespenst in Schach,
Bis ihnen allen allmählich klar,
Daß der da wirklich Thies Thiessen war. —

Der Hansen war tot, von keinem vermißt,
Ein Säufer war er und schlechter Christ.
Aber der Thiessen, ein Kerl ist er doch!
Und die Ose, gibt's eine Bravere noch?

Alle die Jahre in Elend und Not
Teilte sie ihr Hungerbrot
Treulich ihm mit. Und jetzt weinte sie da
An seinem Hals. Es ging allen nah.

Sie kauten und spukten und sahen sich an,
Und schoben sich sacht an Thiessen heran,
Und brummten und schüttelten ihm die Hand.
Das war ihr Gericht. Und so blieb er im Land.

Falke

Frauen

Die Nonne

Grau sind meine Haare,
Meine Augen werden trüb und blind,
An die sechzigmal im Gang der Jahre
Wieg' ich schon das liebe Jesuskind.

Vor der heiligen Krippen
Brennen alle Lichter am Altar,
Wieder singen meine müden Lippen,
Singen heute wie in jedem Jahr:

> Puer natus in Bethlehem, eia!
> Unde gaudet Jerusalem, eia!
> Schlaf, mein liebes Kindelein!

Welk und lose liegen
Meine Finger an dem Wiegenband,
Wenn die jungen Laienschwestern wiegen,
Fliegt die Wiege unter ihrer Hand.

Ihre Lider brennen
Heute seltsam heiß und überwacht —
Sollt' ich nicht aus fernen Tagen kennen,
Was so junge Augen träumen macht?

> Puer natus in Bethlehem, eia!
> Unde gaudet Jerusalem, eia!
> Schlaf, mein liebes Kindelein!

Singen, immer singen!
Unser Atem geht im Frost wie Rauch,
Mit der ew'gen Lampe leisem Schwingen
Schwankt der Wölbung schwarzer Schatten auch.

Wiegen, immer wiegen,
Einer leeren Wiege Gaukelschein —
Seh' ich nicht ein süßes Leben liegen,
Ohne Glanz und Glorie — aber mein?

Ihr in Stall und Krippen,
Benedeite Mutter, heilig Kind,
Frevel ist die Andacht meiner Lippen,
Die nach Erdenglücke durstig sind!

Sieben Schwerter schneiden
In das Mutterherz dir tief und scharf,
Siebenmal will deinen Schmerz ich leiden,
Wenn ich deine Freuden trinken darf!

Puer natus in Bethlehem, eia!
Unde gaudet Jerusalem, eia!
Schlaf, mein liebes Kindelein!

Doch der Herr der Zeiten
Ließ die Jahre gehn durch meine Hand,
Wie beim Ave mir die Perlen gleiten
An des heiligen Rosenkranzes Band.

In der leeren Wiegen
Sucht mein Wahn kein irdisch Leben mehr.
Welt, du eitle, deine Lieder schwiegen,
Meine Augen sinken schlummerschwer.

Durch der Lichter Glimmen
Schleicht ein blasses Rot ins Fenster sacht —
Singt nur, Schwestern, mit den jungen Stimmen,
Singt — ein Ende kommt auch unsrer Nacht!

Puer natus in Bethlehem, eia!
Unde gaudet Jerusalem, eia!
Schlaf, mein liebes Kindelein!

Strauß und Torney

Schöne Agnete

Als Herrn Ulrichs Wittib in der Kirche gekniet,
Da klang vom Kirchhof herüber ein Lied,
Die Orgel droben, die hörte auf zu gehn,
Die Priester und die Knaben, alle blieben stehn,
Es horchte die Gemeinde, Greis, Kind und Braut,
Die Stimme draußen sang wie die Nachtigall so laut:

»Liebste Mutter in der Kirche, wo des Mesners Glöcklein
                        klingt,
Liebe Mutter hör', wie draußen deine Tochter singt,
Denn ich kann ja nicht zu dir in die Kirche hinein,
Denn ich kann ja nicht mehr knien vor Mariens Schrein,
Denn ich hab' ja verloren die ewige Seligkeit,
Denn ich hab' ja den schlammschwarzen Wassermann gefreit.

Meine Kinder spielen mit den Fischen im See,
Meine Kinder haben Flossen zwischen Finger und Zeh',
Keine Sonne trocknet ihrer Perlenkleidchen Saum,
Meiner Kinder Augen schließt nicht Tod noch Traum...

Liebste Mutter, ach, ich bitte dich,
Liebste Mutter, ach, ich bitte dich flehentlich,
Wolle beten mit deinem Ingesind
Für meine grünhaarigen Nixenkind,
Wolle beten zu den Heiligen und zu unsrer Lieben Frau
Vor jeder Kirche und vor jedem Kreuz in Feld und Au!

Liebste Mutter, ach, ich bitte dich sehr,
Alle sieben Jahre einmal darf ich Arme nur hierher,
Sage du dem Priester nun,
Er soll weit auf die Kirchentür tun,
Daß ich sehen kann der Kerzen Glanz,
Daß ich sehen kann die güldene Monstranz,
Daß ich sagen kann meinen Kinderlein,
Wie so sonnengolden strahlt des Kelches Schein!«

Und die Stimme schwieg. Da hub die Orgel an,
Da ward die Türe weit aufgetan —
Und das ganze heilige Hochamt lang
Ein weißes, weißes Wasser vor der Kirchentüre sprang.

Miegel

Ein Weib

Sie hatten sich beide so herzlich lieb,
Spitzbübin war sie, er war ein Dieb.
Wenn er Schelmenstreiche machte,
Sie warf sich aufs Bett und lachte.

Der Tag verging in Freud' und Lust,
Des Nachts lag sie an seiner Brust.
Als man ins Gefängnis ihn brachte,
Sie stand am Fenster und lachte.

Er ließ ihr sagen: »O komm zu mir,
Ich sehne mich so sehr nach dir,
Ich rufe nach dir, ich schmachte —«
Sie schüttelt' das Haupt und lachte.

Um sechse des Morgens ward er gehenkt,
Um sieben ward er ins Grab gesenkt;
Sie aber schon um achte
Trank roten Wein und lachte.

Heine

Der Heidebrand

»Herr Harbesvogt, vom Whisttisch weg,
Viel Menschen sind in Gefahr.
Es brennt die Heide von Djernisbeg
Und das Moor von Munkbrarupfar.«
Schon steh' ich im Bügel, schon bin ich im Sitz,
In den Sattel springt der Gendarm wie der Blitz.
Just schlägt es im Städtchen Glock zwölfe;
Wir reiten, als hetzten uns Wölfe.

Hier schläft ein Garten in Mitternachtsruh',
Dort dämmert im Mondenschein der Busch.
Und Felder und Wälder verschwinden im Nu,
Wir fliegen vorüber im Husch.
Und sieh, in der Ebene stäubt Funkengeschwärm,
Schon murmelt herüber verworrener Lärm.
Es gilt! Die Sporen dem Pferde,
Der Bauchgurt berührt fast die Erde.

'runter vom Gaule, wir sind am Ort
Und stehn in Rauch und Qualm.
Das Feuer frißt gierig: das Kraut ist verdorrt,
Vom Sommer vertrocknet der Halm.
Inmitten der dampfenden Pußta, o Graus,
Steht hell in Flammen ein einzelnes Haus.
Und aus dem sengenden Schilfe
Ruft's markerschütternd um Hilfe.

319

Sechshundert Mann gruben den Graben breit
Und geboten dem Feuer Haltein.
Sechshundert Mann sind zum Retten bereit
Und schauen verzweiflungsvoll drein:
Unmöglich ist es, zum brennenden Haus
Sich durchzukämpfen, vergeblicher Strauß,
Denn kaum sind im Torfe die Sohlen,
So rösten sie schon wie Kohlen.

Das Schreien wird schwächer, dann hat es ein End',
Das Haus ist abgebrannt.
In der Heide züngelt es, zischelt und brennt,
Doch nur bis zum Grabenrand.
Im Osten zeigt sich ein purpurner Streif',
Auf Ähren und Blumen und Gras fällt der Reif.
Und ruhig im alten Bogen
Kommt die Sonne heraufgezogen.

Und nun heran! Wer hat es getan?
Wer weiß, wie das Feuer entstand?
Wer hat es entzündet mit flackerndem Span?
Nur heran, wer die Spuren fand.
Kein Junge hütete Gans oder Schaf',
Die Heide lag gestern im Sonntagsschlaf.
Und wie noch die Frage besprochen,
Da kommt was den Sandweg gekrochen.

Es humpelt heran ein kümmerlich Weib,
Sie stützt sich schwer auf den Stock.
Viel Jahre drücken den alten Leib,
Von Erde beschmutzt ist der Rock.

Das ist Wiebke Peters, und Wieb ist gefeit,
Der gehörte die Kate! so ruft es und schreit.
Mit Jubel umringt sie die Menge,
Doch Wieb wackelt aus dem Gedränge.

Und stellt sich grade vor mir auf,
Und blinzelt hin übers Moor.
Und alle die Leute stehn zu Hauf,
Ein gestikulierender Chor.
So steht sie lange, ich lass' ihr die Ruh',
Zuweilen schließt sie die Augen zu.
Ich kann's vom Gesicht ihr schon lesen:
»Herr Hardesvogt, ich bin's gewesen.«

»Wiebke Peters, erzähle, was weißt du vom Brand?
Wie kam das Feuer so schnell?«
Die Tränen fallen ihr auf die Hand,
Ihr Schluchzen klingt wie Gebell.
Dann wieder lacht sie vor sich hin,
Und ganz verwirrt scheint plötzlich ihr Sinn.
Und, wie nach genossener Rache,
Läßt sie höhnisch sich aus zur Sache:

»Die Kate, in der ich geboren war,
Die abgebrannt diese Nacht,
In der hatt' ich an achtzig Jahr
Mich mühsam durchs Leben gebracht.
Mein Mann starb früh, ein Sohn blieb nach,
Der ließ mich im Stich, als ich krank war und schwach.
Oft hab' ich ihm bittend geschrieben,
Doch stets ist er weggeblieben.

Lissauer, Balladen. 21

321

Vergang'nes Jahr endlich kehrt er zurück
Und fordert, ich solle hinaus,
Und dann, ein altes, verbrauchtes Stück,
Verwelken im Armenhaus.
Ich bat die Gerichte, die halfen mir auch;
Im Schornstein zog wieder der einsame Rauch.
Da kam nochmals vor einigen Tagen
Mein Sohn mit Weib und mit Wagen.

Und gestern, Herr, gestern um Mittagszeit,
Ich konnte doch nichts dafür,
Daß meinetwegen Zank und Streit,
Sie warfen mich aus der Tür.
Ich schlug mir die alten Knochen wund,
Und liegen blieb ich wie 'n Hund.
Dann trieb mich ein heißes Verlangen,
Und ich bin zu Nis Nissen gegangen.

Dort kauft' ich Zündhölzer, Petroleum,
Und ging aufs Feld hinaus.
Und als am Abend alles stumm,
Schlich ich mich an das Haus.
Ich horchte am Laden, an Ritz und Spalt;
Daß alles im Schlafe, ich merkt' es bald.
Und eh' sie erwachten beide,
Entzündete rings ich die Heide.

Vom Walde sah ich den Feuerschein,
Es lachte mir das Herz.
Den Angstruf hört' ich, das Hilfeschrein,
Es lacht mir das Herz.

Und als die Kate zusammenschlug,
Meine Seele zum Himmel ein Amen trug.
Das, Herr, ist meine Geschichte;
Hier stell' ich mich dem Gerichte.«

Liliencron

Die Schnitterin

War einst ein Knecht, einer Witwe Sohn,
Der hatte sich schwer vergangen.
Da sprach sein Herr: Du bekommst deinen Lohn,
Morgen mußt du hangen.

Als das seiner Mutter kund getan,
Auf die Erde fiel sie mit Schreien:
O lieber Herr Graf, und hört mich an,
Er ist der letzte von dreien.

Den ersten schluckte die schwarze See,
Seinen Vater schon mußte sie haben,
Den andern haben in Schonens Schnee
Eure schwedischen Feinde begraben.

Und laßt ihr mir den letzten nicht,
Und hat er sich vergangen,
Laßt meines Alters Trost und Licht
Nicht schmählich am Galgen hangen.

Die Sonne hell im Mittag stand,
Der Graf saß hoch zu Pferde,
Das jammernde Weib hielt sein Gewand
Und schrie vor ihm auf der Erde.

Da rief er: Gut, eh' die Sonne geht,
Kannst du drei Acker mir schneiden,
Drei Acker Gerste, dein Sohn besteht,
Den Tod soll er nicht leiden.

So trieb er Spott, hart gelaunt,
Und ist seines Weges geritten.
Am Abend aber, der Strenge staunt,
Drei Acker waren geschnitten.

Was stolz im Halm stand über Tag,
Sank hin, er mußt' es schon glauben.
Und dort, was war's, was am Feldrand lag?
Sein Schimmel stieg mit Schnauben.

Drei Acker Gerste, ums Abendrot,
Lagen in breiten Schwaden,
Daneben die Mutter, und die war tot.
So kam der Knecht zu Gnaden.

Falke

Genie

Homer

Becherklang zum Flötenschalle
Jubelt in die stille Nacht hinaus
Vor des Sängers sonst zu stillem Haus,
Seine Söhne, Brüder, Schwäger alle
Halten festlich einen frohen Schmaus.

Und sie teilen schon mit Streiten
Unter sich voraus das kleine Gut,
Doch der Alte vor der Schwelle ruht,
Nur den treuen Hund an seiner Seite.
Und es rauscht um ihn die Meeresflut.

All die göttlichen Gestalten
Seiner Dichtung tauchen vor ihm auf;
Während über Anteil und Verkauf
Die im Hause drinnen schmäh'n und schalten,
Steigt um ihn der Sterne goldner Lauf.

Thetis schwebt im Silberschleier,
Hektor schreitet und Achill einher,
Und Odysseus auf der Wiederkehr;
Lächelnd zu dem wilden Lärm der Freier
Hört im Flutgebraus sein Lied Homer.

Lingg

Das verlorene Schwert

Der Gallier letzte Burg und Stadt erlag
Nach einem letzten durchgekämpften Tag,
Und Julius Cäsar tritt in ihren Hain,
In ihren stillen Göttertempel ein.
Die Weihgeschenke sieht gehäuft er dort,
Von Gold und Silber manchen lichten Hort
Und edlen Raub. Doch über Hort und Schatz
Hangt ein erbeutet Schwert am Ehrenplatz.
Es ist die Römerklinge, kurz und schlicht —
Des Julius scharfer Blick verläßt sie nicht,
Er haftet auf der Waffe wie gebannt,
Sie deucht dem Sieger wunderlich bekannt!
Mit einem Lächeln deutet er empor:
»Ein armer Fechter, der sein Schwert verlor!«
Da ruft ein junger Gallier aufgebracht:
»Du selbst verlorest's im Gedräng der Schlacht!«
Mit zorn'ger Faust ergreift's ein Legionar —
»Nein, tapf'rer Strabo, laß es dem Altar!
Verloren ging's in steilem Siegeslauf
Und heißem Ringen, Götter hoben's auf.«

Meyer

Die schwarzen Künste

Sulphur, carbo, nitrum,
Tria faciunt unum!
Im Haus des heil'gen Franz
Der deutsche Mönch erfand's.
Und von allen Burgen rings im Lande,
Zum Kloster wallt der Mann vom Stahlgewande,
Der Ritter und der reisige Genoß,
Des ganzen Waffenlebens harter Troß.
Der Mann vom Schwerte kommt zum Mann vom Worte,
Der Eisenhandschuh klopft an Friedens Pforte:
    »Aufgemacht, fromme Brüder, zieht herum,
    In unsern Burgen geht es um.«
Im Rüstsaal weht's durch Banner, Helm und Schild,
Aus Fug' und Niet' der schwere Panzer schrillt,
Die Armbrust und jedes Wurfgeschoß,
Es rüttelt aus Gehenk sich und Verschloß. —
Nicht lockend zu Turnier und Fehdelust,
Nein, stöhnend wie des müden Helden Brust,
Wenn ihm der Rost frißt an dem Eisenherz,
Zieht's waffenmüde klagend durch das Erz. —
Der Streithengst schnauft, als wär's ihm nicht geheuer,
Die Rüde heult, als röch' sie Tod und Feuer,
Mein Burgwart kommt: »Wer pocht so ungeschlacht
Ans Tor, daß Splitter, Schloß und Riegel kracht?
Wer schreitet über die Brücke so schwer zur Burg,
Tritt Ketten, Bögen und Pfeiler durch?«

»Herr,« ruft von den Zinnen mein Türmer wach:
»Ein singend Wehe geht über das Dach,
Singt nieder Zinnen und Scharten und Turm:
Das ist kein Wetter, das ist kein Sturm!«
Ich trat auf den Söller und schau in den Graus,
Da bebet im Grund mein festes Haus,
Die Mauern schwanken berstend und halten nicht stand,
Wie vor dem Nachtwind die schwarze Eppichwand.
Und über die Halde und auf die Au
Da fällt aus singender Luft ein eiserner Tau,
Da fährt heraus ein Flammenschwert und mäht
Donnernd die wilde Saat, wie sie gesät.
Das sind keine Waffen, das ist keine Schlacht,
Das sind die schwarzen Künste höllischer Macht.

    »Heilige Brüder,
      Singet die Lieder,
Bannt mit geweihtem Wort
Die bösen Geister fort.« —
    Aus zieh'n die heiligen Brüder,
    Sprechen den Bann, singen die Lieder,
    Teufelskünste zu beschwören,
    Böse Geister auszukehren,
    Und singen, des Betens müd',
    Ihren Schwertbrüdern das Lied:
Wenn Großes kommt und Großes geht,
Der Heerscharen Herr durch die Wetter weht,
Wer weiß es, wohin? und von wannen?
Wir können die Geister nicht bannen.

Ein Tröpflein Öl, ein Stücklein Rauch, ein Stäblein Blei,
Aller guten Ding' sind drei!
Zu Straßburg in seinem Haus ersann's
Der deutsche Meister Hans.
Vom fetten Schmause, Fasten und Kasteien,
Die Männer von dem härenen Gewande,
Die stolze Demut, die reichen Bettler all',
Der Krummstab klopfet an des Schwertes Wall:
»Aufgemacht, tapfere Brüder, zieht herum,
In unsern Klöstern geht es um.«
Koboldskraus in tausend Teufel, däumlingsklein,
Mit Kist und Kasten fährt der Teufel ein,
Umschwärmt mit Mottenvolk jedwedes Licht,
Und bohrt wie Würmer sich hinein und kriecht
Trotz heil'gem Staub, trotz Schimmel und trotz Stock,
In alle Schrift, uns untern heil'gen Rock;
Fährt wie ein Gnom in der Gewölbe Schacht,
Zu späh'n, was hinter dieser heil'gen Nacht
Vor schnödem Witz so sorglich sich verbarg,
Deckt auf den letzten Schrein, den stillen Sarg,
Und trägt, wie Bienen ihren Blütenraub,
In seine Zellen unsern alten Staub,
Kocht flüssig ihn in Teufelsküchen=Dunst
Zu schwarzem Honigseim durch schwarze Kunst —
Mischt und mengt, reiht und rückt und verzwickt sich,
Tupft mal und wälzt kopfüber und drückt sich
Heraus, was er verschluckt, so schwarz auf weiß,
Daß schier es uns überläuft — kalt und heiß;
Streut, koboldsverwegen, vor alle Leut',
Wie lust'ger Lenz die weißen Blüten streut,

In die plaudernden Winde das redende Blatt
Und wird des höllischen Spukes nicht satt,
Bis alles, was wir da drinnen so fein gesponnen,
Herausgekommen ans klare Licht der Sonnen.
Aufsteigen begrabene Sterne, verstummte Klage,
Aufsteigt die faulende Schuld, wie Völkersage,
Lebendig aus seinen Gräbern der Tote spricht,
Wie blasende Posaunen am Jüngsten Gericht.
          »Tapfere Brüder,
          Schlagt ihn nieder,
     Mit Feuer und Schwert den Teufelskram,
     In summam Dei gloriam.«
Aus ziehen die Herren vom Berge
Wider die kleinen schwarzen Zwerge,
     Und die riesigen Ritter und Knappen
     Holen sich heim die riesigen Schlappen,
     Und singen, des Straußes müd',
     Ihren heiligen Brüdern das Lied:
Wenn Großes kommt und Großes geht,
Der Heerschar'n Herr durch die Wetter weht,
Wer weiß es: wohin? und von wannen?
Wir können die Geister nicht bannen.

                                        Scherenberg

Miltons Rache

Am Grab der Republik ist er gestanden,
Doch sah er nicht des Stuart Schiffe landen,
Ihn hüllt in Dunkel eine güt'ge Macht:
Er ist erblindet! Herrlich füllt mit lichten
Gebilden und dämonischen Gesichten
   Die Muse seines Auges Nacht ...

Ein eifrig Mädchenantlitz neigt sich neben
Der müden Ampel, feine Finger schweben,
Auf leichte Blätter schreibt des Dichters Kind
Mit eines Stiftes ungehörtem Gleiten
Die Wucht der Worte, die für alle Zeiten
   In Marmelstein gehauen sind ...

Er spricht: »Zur Stunde, da« — Hohnrufe gellen,
Das Haupt, das blinde, bleiche, zuckt in grellen,
Lodernden Fackelgluten, zürnt und lauscht ...
Durch Londons Gassen wandern um die Horden
Der Kavaliere, Schlaf und Scham zu morden,
   Von Wein und Übermut berauscht:

»Schaut auf, das ist des Puritaners Erker!
Der Schreiber hält ein blühend Kind im Kerker!
Der Schuhu hütet einen duft'gen Kranz.
Wir schreiten schlank und jung, wir sind die Sünden
Und kommen, ihr das Herzchen zu entzünden
   Mit Saitenspiel und Reigentanz!

Vertreibt den Kauz vom Nest! Umarmt die Dirne!...«
Geklirr! Ein Stein!... Still blutet eine Stirne,
Den Vater schirmt das Mädchen mit dem Leib,
Die Bleiche drückt er auf den Schemel nieder,
Ein Richter, kehrt zu seinem Lied er wieder:
      »Nimm deinen Stift, mein Kind, und schreib:

Zur Stunde, da des Lasterkönigs Knechte
Umwandern, die Entheiliger der Nächte ...
Zur Stunde, da die Hölle frechen Schalls
Aufschreit, empor zu den erhab'nen Türmen ...
Zur Stunde, da die Riesenstadt durchstürmen
      Die blut'gen Söhne Belials ...«

So sang mit wunder Stirn der geisterblasse
Poet. Verschollen ist der Lärm der Gasse,
Doch ob Jahrhundert um Jahrhundert flieht,
Von einem bangen Mädchen aufgeschrieben,
Sind Miltons Rächerverse stehn geblieben,
      Verwoben in sein ewig Lied.

                              Meyer

Rembrandt

Am schiefen kleinen Fenster eines schmalen
Engbrüstigen Hauses in der Prinzengracht,
Malt Rembrandt bei des Winterabends Strahlen,
Der draußen Mast und Segel rot entfacht,
Mit welker Hand, die leise von des Weines
Verrat bebt, im zerfetzten Pelz, bestaubt
Und grau, wie sein verwirrtes Haar, an eines
Weißblonden Engels zartem Kinderhaupt,
Und prüfend blickt im letzten Abendlicht
Er auf das Bild und lehnt sich an die Wand.
Ein Lächeln im verwitterten Gesicht
Ruft er, zum dunklen Zimmer halb gewandt:
»Titus! Hendrikje!«
                    Eine Türe klappt,
Ein Lichtschein kommt, der Schrank und Krüge streift,
Die Scheuerbürste reibt, ein Lappen flappt
Klatschend und wuchtig auf die feuchten roten
Ziegel im Flur, und eine Stimme keift:
»Du Narr, was schreist du wieder nach den Toten!«
Und laut und frech, wie man ein Schimpfwort gellt
Am Hafen, wird die Türe zugeschlagen.
Ganz reglos steht der Greis. Die Dämmerung fällt.
Er senkt das Haupt. In plötzlichem Verzagen
Schiebt kindisch er die Unterlippe vor,
Ein Zittern geht durch die erschlafften Wangen —
Doch jählings richtet er sich rasch empor

Und starrt hinaus zum Fenster.

Von dem langen
Geteerten Vorbau in dem Nachbarhaus,
Wo Wochentages Levy Aschkenas
Hängt Bilder und verschlissnen Trödel aus —
Dort schimmert durch die Dämm'rung klar und blaß
Der Sabbatkerzen feierliches Licht.
Wie eine goldne Brücke geht ihr Leuchten
Bis zu dem Bollwerk, wo der Glanz sich bricht;
Es spiegelt sich wie Gold auf einem feuchten,
Vermorschten Pfahl, und eine Rogge Bug
Glüht wie ein Kupferschild.

Weit vorgebückt
Sieht Rembrandt auf des Lichtes Märchentrug,
Sein Antlitz leuchtet kindlich, jäh entzückt,
Er fühlt verjüngt die greisen Adern klopfen.
Er atmet auf, dehnt die erschlafften Glieder
Und pfeift.

Aus den verschwoll'nen Augen tropfen
Langsam und heiß zwei große Tränen nieder.

Miegel

Gesicht Bruckners

Reif rieselte und Herbstwind fror,
Dämmergewölke strichen tief,
Bruckner ging spät hinaus vors Tor,
Da war es ihm, daß etwas rief,
Doch sah er nicht,
Und wandte sich, da schwoll das Schallen,
Von Schallen ward er angefallen,
Da sah er mitten in den Dämmernissen
Einen breiten Spalt blendendes Licht
Aufgerissen.
Da sieht er aufwärts über abertausend Stufen
Sitzen Gott,
Und hört immer Stimmen widereinander rufen:
Heilig, heilig, heilig ist der Herr Zebaoth.

Da ward dem Bruckner bang,
Und er lief über das Gelände,
Und immer hinterher lief der Gesang,
Und die Ebene war weit und ohne Ende,
Und in der Ebene war er ganz allein,
Und am Himmel mit ihm lief der Schein,
Und hinter ihm her lief das Schrein.
Auf der Gasse blieben die Leute stehn
Und sammelten sich zu raunenden Haufen,
Und fragten: Was hat der Bruckner zu laufen,
Ist irgendwo ein Unglück geschehn?

Der aber schloß sich in die Stube ein,
Und hielt an den Ohren die Hände,
Da war an der Decke der Schein,
Und das Schrein kam durch die Wände,
Alle Leute schliefen im Hause,
Und schrie ihn an ohne Pause
Die ganze Nacht mit Gebrause.

Aber endlich um Uhre eins oder zwei,
Saß er hin schlotternder Hände,
Und schrieb auf das Geschrei
Und schrieb und schrieb und kam endlich zu Ende
Um Uhre drei.
Und saß noch lange mit bebendem Gebein,
Da war schon lange vergangen der Schein,
Und der Schall versiegt in die Wände.

Lissauer

In der Sistina

In der Sistina dämmerhohem Raum,
Das Bibelbuch in seiner nerv'gen Hand,
Sitzt Michelangelo in wachem Traum,
Umhellt von einer kleinen Ampel Brand.

Laut spricht hinein er in die Mitternacht,
Als lauscht' ein Gast ihm gegenüber hier,
Bald wie mit einer allgewalt'gen Macht,
Bald wieder wie mit seinesgleichen schier:

»Umfaßt, umgrenzt hab' ich dich, ewig Sein,
Mit meinen großen Linien fünfmal dort!
Ich hüllte dich in lichte Mäntel ein
Und gab dir Leib wie dieses Bibelwort.

Mit weh'nden Haaren stürmst du feurigwild
Von Sonnen immer neuen Sonnen zu,
Für deinen Menschen bist in meinem Bild
Entgegenschwebend und barmherzig du!

So schuf ich dich mit meiner nicht'gen Kraft:
Damit ich nicht der größ're Künstler sei,
Schaff mich — ich bin ein Knecht der Leidenschaft —
Nach deinem Bilde schaff mich rein und frei!

Den ersten Menschen formtest du aus Ton,
Ich werde schon von härterm Stoffe sein,
Da, Meister, brauchst du deinen Hammer schon,
Bildhauer Gott, schlag zu! Ich bin der Stein.«

Meyer

341

Gott

Maisegen

Der Mai ist eingezogen,
Schon pflanzt' er sein Panier
Am dunklen Himmelsbogen
Mit blanker Sterne Zier.
Die wilden Wasser brausen
Und rütteln aus den Klausen
Rellmaus und Murmeltier.

»Ob wohl das Gletschereis den Strom gedämmt?
Von mancher Hütte geht's auf schlimmen Wegen,
Der Sturm hat alle Firnen kahl gekämmt,
Und gestern wie aus Röhren schoß der Regen;
Adieu, Jeannette, nicht länger mich gehemmt!
Adieu, ich muß, es gilt den Maiensegen;
Wenn vier es schlägt im Turme zu Escout,
Muß jede Senne stehn am Pointe=de=Drour.«

Wie trunken schau'n die Klippen,
Wie taumelnd in die Schlucht!
Als nickten sie, zu nippen
Vom Sturzbach auf der Flucht.
Das ist ein rasselnd Klingen,
Man hört die Schollen springen
Und brechen an der Bucht.

345

Auf allen Wegen ziehn Laternen um,
Und jedes Passes Echo wecken Schritte.
Habt acht, habt acht, die Nacht ist blind und stumm,
Die Schneeflut fraß an manches Blockes Kitte;
Habt acht, hört ihr des Bären tief Gebrumm?
Dort ist sein Lager an des Riffes Mitte;
Und dort, die schiefe Klippenbank, fürwahr!
Sie hing schon los am ersten Februar.

Nun sprießen blasse Rosen
Am Gletscherbord hervor,
Und mit der Dämm'rung kosen
Will schon das Klippentor;
Schon schwimmen lichte Streifen,
Es lockt der Gemse Pfeifen
Den Blick zum Grat empor.

Verlöscht sind die Laternen, und im Kreis
Steht eine Hirtenschar auf breiter Platte,
Voran der Patriarch, wie Silber weiß
Hängt um sein tiefgebräunt Gesicht das glatte,
Gestrählte Haar, und alle beten leis,
Nach Osten schauend, wo das farbensatte
Rubingewölk mit glitzerndem Geroll
Die stolze Sonnenkugel bringen soll.

Da kommt sie aufgefahren
In strenger Majestät,
Und von den Firnaltaren
Die Opferflamme weht:

Da sinken in der Runde
So Knie an Knie, dem Munde
Entströmt das Maigebet:

»Herr Gott, der an des Maien erstem Tag
Den Strahl begabt mit sonderlichem Segen,
Den sich der sünd'ge Mensch gewinnen mag
In der geweihten Stunde, allerwegen,
Segne die Alm, segne das Vieh im Hag
Mit Luft und Wasser, Sonnenschein und Regen,
Durch Sankt Anton, den Siedler, Sankt René,
Martin von Tours und unsere Frau vom Schnee.

Segne das Haus, das Mahl auf unserm Tisch,
Am Berg den Weinstock und die Frucht im Tale,
Segne die Jagd am Gletscher und den Fisch
Im See und das Getiere allzumale,
So uns zur Nahrung dient, und das Gebüsch,
So uns erwärmt, mit Tau und Sonnenstrahle,
Durch Sankt Anton, den Siedler, Sankt Remy,
Sankt Paul und unsere Fraue von Clery.

Wir schwören«— alle Hände stehn zugleich
Empor — »Wir schwören, keinen Gast zu lassen
Von unserm Herd, eh' sicher Weg und Steig,
Das Vieh zu schonen, keinen Feind zu hassen,
Den Quell zu ehren, Recht an arm und reich
Zu tun und mit der Treue nicht zu spassen.
Das schwören wir beim Kreuze zu Autun
Und unsrer mächt'gen Fraue von Embrun.«

Da überm Kreise schweben,
Als wollten sie den Schwur
Zum Himmelstore heben,
Zwei Adler; auf die Flur
Senkt sich der Strahl vom Hange,
Und, eine Demantschlange,
Blitzt drunten der Adour.

Die Weiden sind verteilt, und wieder schallt
In jedem Passe schwerer Tritte Stampfen.
Voran, voran! die Firnenluft ist kalt
Und scheint die Lunge eisig zu umkrampfen.
Nur frisch voran — schon sehen sie überm Walt
Den Vogel ziehn, die Nebelsäule dampfen,
Und wo das Riff durchbricht ein Klippengang,
Summt etwas auf, wie ferner Glockenklang!

Da liegt das schleierlose
Gewälb in Sonnenruh',
Und, wie mit Sturmgetose
Dem Äthermeere zu,
Erfüllt des Tales Breite
Das Angelusgeläute
Vom Turme zu Escout.

Droste-Hülshoff

348

Die spanischen Brüder

»Da find' ich dich! Im Wintergraus
Hält dich ein deutsches Donaunest,
Ein schneebelastet Giebelhaus,
Kind einer heißen Sonne, fest.

Was treibst du hier? Mit toller Brunst
Bohrst du dich in Folianten ein?
Vom Teufel kommt die schwarze Kunst!
Griechisch? Die Kirche spricht Latein!

Darüber sitzest, Nacht um Nacht,
Du auf? Noch qualmt der Lampe Docht!
Auch siehst du bleich und überwacht,
Der sonst so weiblich ritt und focht!

Du darbst? Du meidest jede Lust?
Von allem Denken mach dich frei!
Verbrenn' an einer warmen Brust,
Ertränk' in Wein die Ketzerei!

Ergreife Schwert und Eisenhut!
Dem Spanier ward die Welt zum Raub!
Nach Flandern! Eh' dein Edelblut
Versiegt in ekelm Bücherstaub!

Mein Bruder Juan, komm mit mir,
Beflecke nicht der Diaz Ruhm!
Ersäuf' im Guadalquivir
Das gottverdammte Luthertum!

In Wittenberg hast du — absurd! —
Auf einer Schule Bank gehockt!
Bei diesem Dolch an meinem Gurt,
Ich morde den, der dich verlockt!

Der Vater ist ein alter Christ
Und sähe lieber dich im Grab!
Die Mutter, welche gläubig ist —
Der Mutter drückst das Herz du ab!

Nie hat ein Diaz falsch geglaubt!
Nicht wahr? Uns tust du nicht die Schmach,
Geliebter Bruder, teures Haupt!
Ich eilte deinen Schritten nach!

Juan, ich reiße dich heraus
Mit dieser meiner Arme Kraft!
Die Rosse stampfen vor dem Haus,
Geführt von meiner Dienerschaft.

Du schweigst? Bekenn' mir, ob's geschah!
Tatst du den Schritt? Du schüttelst: Nein!
Wirst du ihn tun? Ja? Du nickst: Ja?
Juan, es muß geschieden sein!«

Eng hält den Bruder er umfaßt,
Bang stöhnend senkt er Blick in Blick,
Küßt, küßt ihn noch einmal in Hast —
Und stößt den Dolch ihm durchs Genick.

Er hält den Bruder lang im Arm,
Mit unerschöpften Tränen netzt
Und badet er den Toten warm:
»Noch starbest als ein Christ du jetzt!«

                                        Meyer

Die Füße im Feuer

Wild zuckt der Blitz. In fahlem Lichte steht ein Turm.
Der Donner rollt. Ein Reiter kämpft mit seinem Roß,
Springt ab und pocht ans Tor und lärmt. Sein Mantel saust
Im Wind. Er hält den scheuen Fuchs am Zügel fest.
Ein schmales Gitterfenster schimmert goldenhell,
Und knarrend öffnet jetzt das Tor ein Edelmann . . .

— »Ich bin ein Knecht des Königs, als Kurier geschickt
Nach Nîmes. Herbergt mich! Ihr kennt des Königs Rock!«
— »Es stürmt. Mein Gast bist du. Dein Kleid, was
                                   kümmert's mich?
Tritt ein und wärme dich! Ich sorge für dein Tier!«
Der Reiter tritt in einen dunkeln Ahnensaal,
Von eines weiten Herdes Feuer schwach erhellt,
Und je nach seines Flackerns launenhaftem Licht
Droht hier ein Hugenott im Harnisch, dort ein Weib,
Ein stolzes Edelweib aus braunem Ahnenbild . . .
Der Reiter wirft sich in den Sessel vor dem Herd
Und starrt in den lebend'gen Brand. Er brütet, gafft . . .
Die Flamme zischt. Zwei Füße zucken in der Glut.

Den Abendtisch bestellt die greise Schaffnerin
Mit Linnen blendend weiß. Das Edelmägdlein hilft.
Ein Knabe trug den Krug mit Wein. Der Kinder Blick
Hangt schreckensstarr am Gast und hangt am Herd entsetzt . . .
Die Flamme zischt. Zwei Füße zucken in der Glut.

— »Verdammt! Dasselbe Wappen! Dieser selbe Saal!
Drei Jahre sind's ... Auf einer Hugenottenjagd ...
Ein fein, halsstarrig Weib... »Wo steckt der Junker? Sprich!«
Sie schweigt. »Bekenn'!« Sie schweigt. »Gib ihn heraus!«
                                              Sie schweigt.

Ich werde wild. Der Stolz! Ich zerre das Geschöpf
Die nackten Füße pack' ich ihr und strecke sie
Tief mitten in die Glut ... »Gib ihn heraus!« ... Sie
                                              schweigt ...

Sie windet sich ... Sahst du das Wappen nicht am Tor?
Wer hieß dich hier zu Gaste gehen, dummer Narr?
Hat er nur einen Tropfen Bluts, erwürgt er dich.«
Eintritt der Edelmann. »Du träumst! Zu Tische, Gast ...«

Da sitzen sie. Die drei in ihrer schwarzen Tracht
Und er. Doch keins der Kinder spricht das Tischgebet.
Ihn starren sie mit aufgeriss'nen Augen an —
Den Becher füllt und übergießt er, stürzt den Trunk,
Springt auf: »Herr, gebet jetzt mir meine Lagerstatt!
Müd bin ich wie ein Hund!« Ein Diener leuchtet ihm,
Doch auf der Schwelle wirft er einen Blick zurück
Und sieht den Knaben flüstern in des Vaters Ohr ...
Dem Diener folgt er taumelnd in das Turmgemach.

Fest riegelt er die Tür. Er prüft Pistol und Schwert.
Gell pfeift der Sturm. Die Diele bebt. Die Decke stöhnt.
Die Treppe kracht ... Dröhnt hier ein Tritt?   Schleicht
                                              dort ein Schritt ..
Ihn täuscht das Ohr. Vorüber wandelt Mitternacht.

Auf seinen Lidern lastet Blei, und schlummernd sinkt
Er auf das Lager. Draußen plätschert Regenflut.

Er träumt. »Gesteh!« Sie schweigt. »Gib ihn heraus!« Sie
                                                    schweigt.
Er zerrt das Weib. Zwei Füße zucken in der Glut.
Aufsprüht und zischt ein Feuermeer, das ihn verschlingt ...
— »Erwach! Du solltest längst von hinnen sein! Es tagt!«
Durch die Tapetentür in das Gemach gelangt,
Vor seinem Lager steht des Schlosses Herr — ergraut,
Dem gestern dunkelbraun sich noch gekraust das Haar.

Sie reiten durch den Wald. Kein Lüftchen regt sich heut.
Zersplittert liegen Astetrümmer quer im Pfad.
Die frühsten Vöglein zwitschern, halb im Traume noch.
Friedsel'ge Wolken schwimmen durch die klare Luft,
Als kehrten Engel heim von einer nächt'gen Wacht.
Die dunkeln Schollen atmen kräft'gen Erdgeruch.
Die Ebne öffnet sich. Im Felde geht ein Pflug.
Der Reiter lauert aus den Augenwinkeln: »Herr,
Ihr seid ein kluger Mann und voll Besonnenheit
Und wißt, daß ich dem größten König eigen bin.
Lebt wohl. Auf Nimmerwiedersehn!« Der andre spricht:
»Du sagst's! Dem größten König eigen! Heute ward
Sein Dienst mir schwer . Gemordet hast du teuflisch mir
Mein Weib! Und lebst! ... Mein ist die Rache, redet Gott.«

Meyer

Der Abendmahlstreit

Meister Zwingli von Zürich beweist:
Des heiligen Abendmahles Spende,
Des Heilands ewiges Vermächtnis,
Ist nichts denn Bild und Zeichen für den Geist,
Gereicht in irdischer Menschen Hände,
Gesetzt zum unvergänglichen Gedächtnis.

Doktor Luthers Lehre fährt
Wider ihn auf wie Feuer und Schwert:
Schänder und Schimpfer des Sakramentes!
Es brach das Brot und bot den Wein der Christ
Und sprach gesegnend: Liebe, dieses ist
Mein Fleisch und Blut des Neuen Testamentes.

Des Landgrafs von Hessen fürstliche Gnaden
Hat die Meister geladen,
Daß sie Antlitz in Antlitz bekennen,
Und bei ehrlich aufgeschlag'nem Visier
Streitredend wider einander rennen,
Zu Ehren des Heilands, im frommen Turnier.

Zu Marburg der Saal ist das Feld,
Wie Turm gegen Turm ist Pult wider Pult gestellt,
Gestühle und Sessel entlang die Wände,
Geteilt wie Läger im offnen Gelände,
Hinter den Feldherrn redend Gefechte
Magister und Studenten wie Landsknechte.

Zwingli, ohne Haupt noch Leib zu regen,
Weiß vortrefflich auszulegen,
Feilt und glättet mit geschliffner Schneide,
Auf gestreckten Händen reicht er Deutung dar —
Da langt Luther tief in den Talar,
Greift hervor ein groß Trumm Kreide,
Malt ins Holz mit Zeichen groß und fest,
E — S — T,
Est.

Nun steht es da, gemauert gleich drei Türmen.
Mögen Zwinglis Sätze klimmen, klettern,
Sie beschießen, sie bestürmen,
Ihre Wucht wird sie zu Boden schmettern.
So steht es da, so hat er es erfahren,
Durch sein Geblüt erfloß groß Offenbaren.

Des Heilands Fleisch und Blut in Brot und Wein
Ging leibhaft in sein eignes Leben ein.
So steht es da; was braucht es noch der Fehde —
Aber Luthers Eifer eifrig preisend,
Indes den Irrweg seines Eifers weisend,
Schärft der Gegner die gelass'ne Rede.

Doch Luther, wie mit stoßhaft steilem Horne
Vorgestemmt die Stierstirn braun von Zorne,
Packt das Holz mit kurzen Hieben:
Wein und Brot ist Leib und Blut des Christes,
Also steht es, wie er es geschrieben,
Wie er es geschrieben, also ist es:
Est.
                                        Lissauer

356

Der Mönch von Bonifazio

»Korsen, löst des Portes Ketten! Jede Hoffnung ist ver-
schwunden!
Nirgend weht ein rettend Segel! Gebt euch! Pfleget eure
Wunden!

Genua, euer hat's vergessen! Spähet aus von eurem Riffe!
Sucht im Meere! Schärft die Augen! Nirgend, nirgend
Genuas Schiffe!

Eure Kinder hör' ich wimmern, eure Frau'n, die hunger-
matten,
Blicken hohl wie Nachtgespenster und ihr selber wankt wie
Schatten!«

Vom Verdeck des Schiffes ruft's empor zu Bonifazios Walle
König Alfons milden Sinnes, aber droben schweigen alle.

Nimmer würden sich dem Dränger diese tapfern Korsen
geben,
Gält' es nur das eigne, gält' es nicht der Knaben junges
Leben!

Finster vor sich niederstarrend, treten flüsternd sie zusammen—
Eines Mönchs empörte Augen schießen Blitze, schleudern
Flammen:

»Feige Hunde! Keine Korsen! In die Hölle der Verräter!«
— »Schweige, Mönch! Wir haben Herzen. Wir sind Gatten,
wir sind Väter!«

Auf dem preisgegebnen Felsen kniet der Mönch in wildem
Harme:
»Leihe, Gott, mir deine Hände! Gib mir deine starken Arme!

Heute komm ich Lohn zu fordern. Alles gab ich. Nichts ge-
blieben
Ist mir außer meinem Felsen. Aber etwas muß ich lieben.

Gott, du kannst mit deinen Kräften eines Menschen Kräfte
steigern!
Was du tatst für deine Juden, darfst du keinem Korsen
weigern!

Genuas Schiffe will ich suchen! Will sie bei den Schnäbeln
fassen!
Spannen will ich weite Segel und sie nicht ermatten lassen!«

Alle seine Muskeln schwellen, alle seine Pulse beben,
Schiffe durch das Meer zu schleppen, Segel aus der Flut
zu heben.

Aufgesprungen, überwindend Raum und Zeit mit seinem
Gotte,
Deutet er ins Meer gewaltig: »Dort! Ich sehe dort die Flotte!«

Aber keine Segel blicken aus des Meeres farb'ger Weite,
Unbevölkert flutet eine schrankenlose Wasserbreite.

Nur die Sonne wandert höher, ihre Strahlen brennen
wärmer.
Nichts als Meer und nichts als Himmel. Alfons lächelt:
»Armer Schwärmer!«

Dort! Am Saum des Meers das Pünktchen ... Sichtbar
kaum ... Der zweit' und dritte
Punkt und jetzt ein viert' und fünfter und ein sechster in der
Mitte!

Winde blasen, Wellen stoßen. Meer und Himmel sind im
Bunde.
Segel, immer neue Segel steigen aus dem blauen Grunde.

Wende deine Schiffe, König! Sonst verlierst du Ruhm und
Ehre!
Woge, Fürstin Genua, woge, du Beherrscherin der Meere!

Alle Glocken Bonifazios schlagen schütternd an und stürmen,
Jubel wiegt sich in den Lüften über den zerschoss'nen Türmen.

Und der Mönch, der mit der Allmacht seinen irb'schen Arm
bewehrte?
An der Erde liegt er sterbend, der von ihrem Hauch Verzehrte.

Meyer

359

Die Größe der Welt

Die der schaffende Geist einst aus dem Chaos schlug,
Durch die schwebende Welt flieg' ich des Windes Flug,
Bis am Strande
Ihrer Wogen ich lande,
Anker werf', wo kein Hauch mehr weht
Und der Markstein der Schöpfung steht.

Sterne sah ich bereits jugendlich auferstehn,
Tausendjährigen Gangs durchs Firmament zu gehn,
Sah sie spielen
Nach den lockenden Zielen;
Irrend suchte mein Blick umher,
Sah die Räume schon sternenleer.

Anzufeuern den Flug weiter zum Reich des Nichts,
Steur' ich mutiger fort, nehme den Flug des Lichts,
Neblicht trüber
Himmel an mir vorüber,
Weltsysteme, Fluten im Bach,
Strudeln dem Sonnenwanderer nach.

Sieh, den einsamen Pfad wandelt ein Pilger mir
Rasch entgegen: »Halt an! Waller, was suchst du hier?«
»Zum Gestade
Seiner Welt meine Pfade!

Segle hin, wo kein Hauch mehr weht
Und der Markstein der Schöpfung steht!« —

»Steh! du segelst umsonst — vor dir Unendlichkeit!« —
»Steh! du segelst umsonst — Pilger, auch hinter mir!«
Senke nieder,
Adlergedank', dein Gefieder!
Kühne Seglerin, Phantasie,
Wirf ein mutloses Anker hie.

Schiller

Zwei Wanderer

Ein Stummer zieht durch die Lande,
Gott hat ihm ein Wort vertraut,
Das kann er nicht ergründen,
Nur einem darf er's verkünden,
Den er noch nie geschaut.

Ein Tauber zieht durch die Lande,
Gott selber hieß ihn gehn,
Dem hat er das Ohr verriegelt,
Und jenem die Lippe versiegelt,
Bis sie einander sehn.

Dann wird der Stumme reden,
Der Taube vernimmt das Wort,
Er wird sie gleich entziffern,
Die dunkeln göttlichen Chiffern,
Dann ziehn sie gen Morgen fort.

Daß sich die Beiden finden,
Ihr Menschen betet viel.
Wenn, die jetzt einsam wandern,
Treffen einer den andern,
Ist alle Welt am Ziel.

Hebbel

Verzeichnis der Gedichte
(nach Kapiteln)

Seher und Gesichte

Vorzeit und Altertum

Heilige Schrift

Apokalyptische Schauung

Könige

Ritter, Bürger, Bauern

Kampf und Tod

Liebe und Verrat

Frauen

Genie

Gott

Inhalt
(nach Dichtern)

367

———

369